HET GEWELDIGE KOKOS KOOKBOEK

100 heerlijke en voedzame recepten voor kokosliefhebbers. Van zoet tot hartig, ontdek de veelzijdigheid van kokosnoot in uw kookkunsten

Maeve Casey

Auteursrechtelijk materiaal ©2023

Alle rechten voorbehouden

Geen enkel deel van dit boek mag in welke vorm of op welke manier dan ook worden gebruikt of verzonden zonder de juiste schriftelijke toestemming van de uitgever en de eigenaar van het auteursrecht, met uitzondering van korte citaten die in een recensie worden gebruikt. Dit boek mag niet worden beschouwd als vervanging van medisch, juridisch of ander professioneel advies.

INHOUDSOPGAVE

INHOUDSOPGAVE	3
INVOERING	7
ONTBIJT	**8**
1. Quinoa-ontbijtpap	9
2. Pannenkoeken met wilde bosbessen	11
3. Graanvrije Appeltaart Muesli	14
4. Citroenroom met bramen	16
5. Amaretto-kokosbrood	18
6. Muesli als ontbijt	20
7. Melkachtige warme chocolademelk	22
8. Chili warme chocolademelk	24
SNACKS EN DESSERT	**26**
9. Pinwheels van chocoladekokosnoot	27
10. Kokos Panna Cotta	30
11. Kokosvlaai uit de Franse Antillen	33
12. Geen sneeuwbalkoekjes bakken	36
13. Kokosnoot Crack Bars	38
14. Zelfgemaakte kokospudding	40
15. Kokosroom-ijslolly's met rum	42
16. Geroosterd kokosijs	44
17. Geroosterde Kokoscake	47
18. Scones van kokosmeel met suikerglazuur	50
19. Hawaiiaanse kokospudding	54
20. Kokostaartjes met frambozenjam	56
21. Zachte kokossoufflé	58
22. Kokosnoot Kheer	60
23. Sago Ruby Met Geraspte Kokosnoot	62
24. Kokosroomtaart Cupcakes	64
25. Belgische wafels van kokosmeel	68
26. Kokosmakronentaart	70

27. Geroosterde kokosnoot gebakken donuts	72
28. Tres Leches Kokoscake Trifle	75
29. Kokos minitaartjes met chocolade	80
30. Pompoentaart Kokoschips	83
31. Kokos Spirulina Bliss-ballen	85
32. Kokosmakaron-cheesecake	87
33. Goji-bessenballetjes met kokosnoot	89
34. Goji-kokosnootdriehoeken	91
35. Kokosbietenijs	93
36. Tropische kokospudding	95
37. Citroen-kokosmuffins	97
38. Kokosnotenvreugde	99
39. Rose Coconut-ijs	101
40. Kokos Jello Gummies	103
41. Amaretto-kokostaart	105
42. Taaie kokosmakarons	107
43. Kaasachtige kokosnoot paaseieren	109
44. Kokos-engel-voedselcake	111
45. Kokosappelvierkanten	114
46. Kokos-abrikozenreepjes	116
47. Shortcakes met kokoskoekjes	118
48. Kokosbonbons	120
49. Kokoskoekjes	122
50. Kokosbellen	124
51. Kokosbrownies	126
52. Coconut butterscotch-chips	128
53. Kokoskaramels	130
54. Kokosnoot Charlotte	132
55. Kokoswolken	135
56. Kokosnootchips	137
57. Hooibergen van kokosnoot	139

58. Aardbei Kokos Chia Pudding 141
59. Kokos-havermoutkoekjes 143
60. Pompoenmuffins 145
61. Hazelnoot Rozemarijn Bros 147
62. Cranberry-sinaasappelsaus 149
63. Makkelijkste Fudgiest Avocado Brownies 151
64. Frambozen-perziktaart 153
65. Citruscompote met Grapefruit Granita 156
66. Bananencannoli 158
67. Buffelkipdip 160
68. Dubbele Chocolade Gelato 162
69. Kers-Aardbei Gelato 164
70. Kokosnootgelato 166
71. Ananas en kokosgelato 168
72. Lychee & Ananas Gelato 170
73. Kokos & Ananas Tropische Gelato 172
74. Cacaocrunch 174

HOOFDGERECHT **176**
75. Sandwich met avocado-bagels 177
76. Kokoskoolsoep 179
77. Dal van rode linzen met boerenkool 182
78. Bloemkool Aardappel Curry 185
79. Bloemkool Linzen Curry 188
80. Kokos Curry Linzen 190
81. Bloemkoolcurry uit de slowcooker 193
82. Curry Geroosterde Venkel Salade 195
83. Garnalen Gumbo 198
84. Veganistische rijstsoep 201
85. Reuben sandwich met kokosbacon 204

DRANKJES **206**
86. Pompoentaart Smoothie 207

87. Ananas Grapefruit Detox Smoothie	209
88. Kersen Kokos Smoothie	211
89. Wortel Mango Kokosnoot	213
90. Groene Colada-smoothie	215
91. Goji en Chia Aardbeien Smoothie	217
92. Fruit-kokosnoot-smoothie	219
93. Spinazie Met Ananas Smoothie	221
94. Kiwi Guave Burst-smoothie	223
95. Groene avocado-smoothie	225
96. Groene cashew-smoothie	227
97. Meloen Groene Smoothie	229
98. Amandel Kokos Yoghurt Groene Smoothie	231
99. Pina Colada Groene Smoothie	233
100. Bosbessen Gember Groene Smoothie	235
CONCLUSIE	**237**

INVOERING

Als je houdt van de smaak en voedingswaarde van kokosnoot, is HET GEWELDIGE KOKOS KOOKBOEK de perfecte gids om je kookkunsten naar een hoger niveau te tillen. Met 100 heerlijke en voedzame recepten biedt dit kookboek een breed scala aan gerechten, van zoet tot hartig.

Van kokoscurry-kip tot kokosgarnalen tot kokosmakarons, elk recept toont de unieke en veelzijdige smaak van kokosnoot. Behalve dat het heerlijk is, is kokosnoot ook een geweldige bron van gezonde vetten, vezels en antioxidanten, waardoor deze recepten niet alleen lekker maar ook goed voor je zijn.

HET GEWELDIGE KOKOS KOOKBOEK bevat ook tips voor het kopen, bewaren en bereiden van kokosnoot, evenals informatie over de voedingsvoordelen ervan. Met prachtige kleurenfoto's en gemakkelijk te volgen instructies is dit kookboek perfect voor zowel ervaren koks als beginners.

Of je nu meer kokos aan je dieet wilt toevoegen of gewoon van de smaak houdt, HET GEWELDIGE KOKOS KOOKBOEK heeft alles wat je nodig hebt om heerlijke en voedzame kokosgerechten te maken.

ONTBIJT

1. Quinoa Ontbijtpap

Maakt: 4

INGREDIËNTEN:
- Quinoa pap
- 1 kopje quinoa, afgespoeld en uitgelekt
- 2 eetlepels ahornsiroop
- 400 ml ongezoete kokosmelk
- $\frac{1}{2}$ theelepel vanille-extract
- $\frac{1}{4}$ kopje water
- $\frac{1}{4}$ theelepel zout
- Toppings
- $\frac{1}{2}$ kopje ongezoete kokosvlokken
- 1 kopje quinoacrunch
- 10 blaadjes verse munt
- 1 kopje vers fruit
- Ahornsiroop

INSTRUCTIES:

a) Meng in een middelgrote pan met deksel de quinoa, ahornsiroop, kokosmelk, vanille-extract, water en zout.

b) Kook het op middelhoog vuur, zet dan op laag vuur en dek af met een deksel.

c) Laat 18-20 minuten koken, of tot het meeste vocht is opgenomen. Laat het na het koken minimaal 10 minuten op het aanrecht staan. Maak het mengsel voor het opdienen los met een vork om eventuele klonten te verwijderen en de korrels te scheiden zonder ze te verpletteren.

d) Als u klaar bent om te serveren, verdeelt u de quinoa over ontbijtkommen op basis van het gewenste aantal porties.

e) Garneer eventueel met quinoa crunch, vers fruit, kokosvlokken of verse munt. Besprenkel tot slot met ahornsiroop aan de zijkant.

2. Pannenkoeken met wilde bosbessen

Maakt: 2

INGREDIËNTEN:
- 1 kopje wilde bosbessen
- 1 kopje amandelmeel
- 2 theelepels gemalen lijnzaad
- 1 theelepel bakpoeder
- 1 kop plantaardige melk
- 2 eetlepels ahornsiroop
- 1 theelepel appelazijn
- 2 ½ eetlepel groentebouillon, om mee te koken
- 1 snufje zout
- Groentebouillon
- Kokossuiker om te strooien

INSTRUCTIES:

a) Combineer het amandelmeel, lijnzaad, bakpoeder, suiker en zout in een mengkom.

b) Meng de groentebouillon, het water en de appelciderazijn erdoor tot het beslag glad is.

c) Was de bessen grondig, vooral bij het plukken van wilde bosbessen.

d) Verhit 2 ½ eetlepel groentebouillon in een koekenpan of koekenpan op middelhoog vuur. Wacht geduldig tot de pan heet is voordat je de pannenkoeken toevoegt.

e) Giet een lepel beslag in je pan en kook op matig vuur.

f) Draai de pannenkoeken om als er zich geen luchtbellen op het oppervlak vormen en ze geen romige vloeibare textuur meer hebben.

g) Bak nog minstens 1-2 minuten voordat je de pannenkoeken uit de pan haalt.

h) Ga door tot al het beslag is gebruikt en voeg elke keer dat er een nieuwe partij pannenkoek wordt gekookt een kleine hoeveelheid groentebouillon toe aan de pan.

i) Besprenkel met ahornsiroop of kokossuiker.

j) Leg wat verse bessen, zowel gekookt als ongekookt, op je bord. Dit breidt het smaakprofiel nog verder uit.

3. Graanvrije Appeltaart Granola

Maakt: 2

INGREDIËNTEN:
- ¼ kopje gedroogde appels, gehakt
- ¼ kopje pijnboompitten
- ¼ kopje walnoten, gehakt
- ¼ kopje pecannoten, gehakt
- 4 eetlepels groentebouillon
- ½ kopje gezoete geraspte kokosnoot
- ½ kopje amandelen, fijngehakt
- ¼ theelepel gemalen kruidnagel
- 1 theelepel gemalen kaneel
- ¼ theelepel gemalen nootmuskaat
- 2 eetlepels ahornsiroop
- 1 theelepel vanille-extract

INSTRUCTIES:
Verwarm je oven voor op 350 ° F.
Verwarm de groentebouillon in een grote koekenpan op middelhoog vuur.
Roer de volgende INGREDIËNTEN erdoor:,. Roer tot ze gelijkmatig bedekt zijn met groentebouillon en voeg dan de gehakte appel toe.
Plaats het mengsel in een met folie beklede pan van 15 x 10 x 1 inch. Bak gedurende 12-15 minuten onder voortdurend roeren tot ze goudbruin zijn.
Laat het 10 minuten afkoelen. Breek voor het serveren in stukjes.

4. Citroenroom met bramen

Maakt 4 porties

INGREDIËNTEN:
- 1 kopje cashewnoten, 8 uur in water geweekt, afgespoeld en uitgelekt
- 1 kop vers gehakte kokosnoot
- schil van 3 citroenen
- 1 kopje water
- 4 kopjes rijpe bramen

INSTRUCTIES:
a) Doe de cashewnoten, kokosnoot, citroensap, citroenschil en water in een keukenmachine en mix tot een romig en glad mengsel.
b) Giet de lemon curd in een afsluitbare container.
c) Zet de wrongel afgedekt in de koelkast tot gebruik.
d) Schenk de kwark in serveerschalen en garneer met de bramen.

5. Amaretto kokosbrood

Voor: 1 brood

INGREDIËNTEN:
- 4 ons Tofu
- 1 kopje Suiker
- ¼ kopje Amaretto
- 14 vloeibare ounce kokosmelk
- 2½ kopje bloem
- ½ theelepel Zout
- 1 eetlepel bakpoeder
- 1 kopje ongezoete kokosvlokken

INSTRUCTIES:
a) Verwarm de oven voor op 350 F. Vet een broodvorm van 9 "x 5" x 3 "in.
b) Meng tofu en suiker grondig in een elektrische mixer of door ze samen te pureren in een grote mengkom met het keukengerei van uw keuze. :-)
c) Meng Amaretto en kokosmelk door tofu tot alles goed gemengd is.
d) Zeef ondertussen bloem, zout en bakpoeder. Gooi de kokosvlokken erdoor, voeg dan droge ingrediënten toe aan het vloeibare mengsel en meng goed.
e) Lepel het beslag in de voorbereide broodvorm. Bak tot het gaar is, ongeveer 50 minuten.
f) Laat iets afkoelen voordat je het uit de pan haalt.

6. Muesli als ontbijt

Maakt: 1 portie

INGREDIËNTEN:
- 3/4 kop rauwe noten
- 10 middelgrote dadels, geweekt en ontpit
- 1 kopje vers fruit, bij voorkeur mango, bessen of bananen
- 1 eetlepel geraspte verse rauwe kokosnoot
- notenmelk, naar smaak

INSTRUCTIES:
a) Maal de noten en dadels samen met een keukenmachine tot de noten bijna fijngemalen zijn.
b) Meng in een kom met vers fruit en kokosvlokken.
c) Breng op smaak met notenmelk.

7. Melkachtige warme chocolademelk

Maakt 3 porties.

INGREDIËNTEN:
- 2 ½ kopje warm water
- ¼ kopje johannesbroodpoeder
- ¼ kopje lucumapoeder
- 1 klein stukje cacaoboter
- 2 theelepels kokosbloesemsuiker
- 2 theelepels cashewnoten of 2 theelepels notenboter

INSTRUCTIES:
a) Mix alles op de hoogste stand tot het warm en glad is.
b) Serveer in voorverwarmde kopjes.

8. Chili warme chocolademelk

Maakt 4 porties.

INGREDIËNTEN:
- 3 kopjes warm water
- 1 kop cashewnoten
- ½ kopje honing of zoetstof naar keuze
- ¼ kopje cacaopoeder
- 1 klein stokje cacaoboter of kokosolie
- 1 snufje zout
- Chili naar smaak

INSTRUCTIES:
a)   Mix alles ongeveer 1 minuut op de hoogste stand en serveer in voorverwarmde kopjes.

SNACKS EN DESSERT

9. Chocolade kokosnoot pinwheels

Maakt: 48 Porties

INGREDIËNTEN:
- 1 Stick boter, verzacht
- 1 kopje Suiker
- 1 ei
- 1 theelepel vanille-extract
- 2 kopjes cakemeel
- ½ theelepel Zuiveringszout
- ½ theelepel Zout
- 2 ons Ongezoete bakchocoladevierkanten, gesmolten
- ¾ kopje Kokosvlokken

INSTRUCTIES:

a) Klop in een middelgrote kom boter en suiker met een elektrische mixer op gemiddelde snelheid tot ze licht en luchtig zijn.

b) Klop ei en vanille erdoor. Voeg cakemeel gemengd met zuiveringszout en zout toe en klop tot alles goed gemengd is.

c) Verdeel het deeg in tweeën over 2 kommen.

d) Meng de gesmolten chocolade door het deeg in de ene kom en roer de kokosnoot door het deeg in de andere kom.

e) Dek elke kom af met plasticfolie en zet hem minstens 1 uur in de koelkast, of tot hij stevig is.

f) Verzamel chocoladedeeg tot een bal, plaats het tussen stukjes vetvrij papier en rol het uit tot een rechthoek van 8 x 12 inch. Herhaal met kokosdeeg.

g) Leg de ene rechthoek op de andere en rol vanaf een lange zijde op tot een rol van 12 inch.

h) Wikkel in vetvrij papier en zet het ongeveer 30 minuten in de koelkast, of tot het stevig is.

i) Verwarm de oven voor op 350 graden. Snijd het deeg met een scherp mes in plakjes van $\frac{1}{4}$ inch. Plaats ongeveer 3 centimeter uit elkaar op niet-ingevette bakplaten.

j) Bak gedurende 8 tot 10 minuten, tot ze lichtbruin zijn. Laat de koekjes 2 minuten afkoelen, leg ze op een rooster en laat ze volledig afkoelen.

10. Kokos Panna Cotta

Maakt: 6 porties

INGREDIËNTEN:
KOKOS PANNA COTTA:
- 1 Eetlepel ongeparfumeerd gelatinepoeder
- 1 Eetlepel water
- 2¼ kopjes ingeblikte volle ongezoete kokosmelk
- ¾ kopje ingeblikte ongezoete kokosroom
- ¼ kopje kristalsuiker

EXTRA TOPPING:
- gouden kiwi
- groene kiwi
- mango

INSTRUCTIES:
a) Vet schaaltjes of serveerschalen in met kokosolie. Opzij zetten.
b) Combineer gelatinepoeder met water in een kleine kom. Roer en laat 5 minuten staan tot het vocht volledig is opgenomen.
c) Combineer kokosmelk, kokosroom en suiker in een middelgrote sauspan.
d) Zet op middelhoog vuur en breng aan de kook.
e) Blijf verwarmen tot de suiker is opgelost.
f) Haal van het vuur en laat 5-8 minuten afkoelen.
g) Voeg gelatine toe. Roer tot de gelatine volledig is opgelost.
h) Verdeel het melkmengsel over voorbereide ingevette vormpjes. Koel af tot kamertemperatuur.

i) Dek af of bewaar in een luchtdichte verpakking in de koelkast gedurende minimaal 6 uur, een nacht is het beste.

j) Dompel de vormpjes een voor een in een kom met warm water gedurende 3-5 seconden om ze uit de vorm te halen.

k) Als de panna cotta nog steeds niet uit elkaar gaat, ga dan met een dun mes of een mini-offset spatel langs de randen van de schaal om hem los te maken. Keer de ramekin om in de serveerschaal.

l) Garneer met toppings en serveer direct.

11. Franse Antilliaanse Kokosvlaai

Maakt: 8

INGREDIËNTEN:
- 1 ½ kopje + 1 eetlepel gezoete gecondenseerde melk
- 1 ¼ kopje kokosmelk
- 3 grote eieren
- 1 theelepel vanille-extract
- 1 kop ongezoete geraspte kokosnoot

VOOR DE KARAMEL:
- ½ kopje suiker

INSTRUCTIES:
a) Verwarm je oven voor op 350 ° F met een rek in het midden.
b) Zet een niet-ingevette broodvorm klaar binnen handbereik.
c) Maak de karamel. Doe de suiker in een kleine steelpan op middelhoog vuur. Raak de suiker niet meer aan – niet roeren, maar je kunt de pan af en toe schudden. Laat de suiker smelten, bubbelen en een gouden kleur krijgen. Let goed op en als de karamel amberkleurig wordt, haal je hem direct van het vuur en giet je de karamel gelijkmatig over de bodem van de pan.
d) Zet opzij om af te koelen en uit te harden.
e) Klop in een grote mengkom de gecondenseerde melk, kokosmelk, eieren, vanille-extract en geraspte kokos door elkaar. Giet het mengsel in de broodvorm.
f) Plaats de broodvorm in een grotere schaal en vul de grotere ovenschaal met water tot minstens ¼ van de zijkanten van de broodvorm. Kook gedurende 50-55 minuten, tot de bovenste korst licht goudbruin is en

stevig aanvoelt. Breng de vlaai over naar een koelrek en laat afkoelen tot kamertemperatuur. Zet in de koelkast en laat minstens 3 uur opstijven.

g) Als het afgekoeld is, plaats je de pan in ongeveer 5 cm redelijk warm water, zodat de karamel op de bodem van de pan weer zacht wordt.

h) Ga met een mes langs de randen van de pan. Keer een bord om boven de pan, houd het stevig vast en draai het snel om.

i) Bestrooi voor het serveren met geraspte kokos.

12. Geen sneeuwbalkoekjes bakken

Maakt: 40

INGREDIËNTEN:
- 4 kopjes geraspte ongezoete kokosnoot
- ¼ kopje gegranuleerde zoetstof naar keuze Ik heb monniksfruitzoetstof gebruikt
- ½ kopje kokosmelk Kan amandelmelk of een andere melk naar keuze gebruiken
- ¼ theelepel amandel- of vanille-extract optioneel

INSTRUCTIES:

a) Voeg in een hogesnelheidsblender of keukenmachine je ongezoete kokosnoot toe en mix 1-2 minuten tot een fijne textuur. Mix niet te lang, anders blijft er kokosboter over.

b) Voeg je gegranuleerde zoetstof en kokosmelk toe en mix tot er een kleverig, dik beslag overblijft. Als het beslag te kruimelig is, voeg dan wat extra melk naar keuze toe.

c) Doe over in een grote mengkom. Maak je handen lichtjes nat en maak van het beslag kleine balletjes. Leg op een met bakpapier beklede bakplaat of plaat. Druk elke bal in de vorm van een koekje. Bestrooi met extra kokosnoot of gegranuleerde zoetstof en zet in de koelkast tot ze iets steviger worden.

d) zou het moeten doen. Roer als laatste de overgebleven kokos er met de hand door.

e) Spuit een grote bakplaat in met anti-aanbakspray en gebruik vervolgens een ijsschep om het koekjesdeeg op de bakplaat te scheppen. Bak de koekjes 9-11 minuten, of tot de randen stevig zijn. Haal uit de oven en wacht 2-3 minuten voordat u de koekjes op een koelrek legt.

f) Genieten!

13. Kokos Crack Bars

Maakt: 20

INGREDIËNTEN:
- 3 kopjes geraspte ongezoete kokosvlokken
- 1 kopje kokosolie, gesmolten
- ¼ kopje met monniksfruit gezoete ahornsiroop Kan elke vloeibare zoetstof naar keuze vervangen

INSTRUCTIES:
a) Bekleed een 8 x 8-inch pan of 8 x 10-inch pan met bakpapier en zet opzij. Als alternatief kunt u een broodvorm gebruiken.

b) Voeg in een grote mengkom je geraspte ongezoete kokosnoot toe. Voeg je gesmolten kokosolie en met monniksfruit gezoete ahornsiroop toe en mix tot er een dik beslag overblijft. Als het te kruimelig is, voeg dan wat extra siroop of een heel klein beetje water toe.

c) Giet het kokoscrackermengsel in de met bakpapier beklede pan. Maak uw handen licht vochtig en druk ze stevig op hun plaats. Koel of vries in tot stevig. Snijd in repen en eet smakelijk!

14. Huisgemaakte kokospudding

Maakt: 4

INGREDIËNTEN:
- 2 kopjes melk
- ½ kopje + 3 eetlepels suiker
- 3 eetlepels maizena
- ¼ theelepel zout
- 1 ei
- 1 eidooiers
- 2 el boter
- 1 theelepel vanille-extract
- 1 theelepel kokosnootextract
- ½-¾ kopje geraspte gezoete kokosnoot
- Slagroom topping optioneel
- Geroosterde kokosnoot optioneel

INSTRUCTIES:
a) Voeg in een grote pan je melk, suiker, maïzena, zout, ei en eigeel toe.

b) Klop continu op middelhoog vuur tot het dik en bruisend is.

c) Haal van het vuur en klop boter, kokosnootextract en vanille-extract erdoor tot de boter is gesmolten.

d) Plaats Saran Wrap over de bovenkant van de pudding en plaats in de koelkast tot het afgekoeld is.

e) Serveer met geroosterde kokos en slagroom.

15. Kokosroom Ijslolly Met Rum

Maakt: 8

INGREDIËNTEN:
- 1 blikje kokosroom
- 1 vanillestokje, uitgeschraapt
- ½ kopje fijn geraspte kokosnoot
- 1 kopje suiker
- 1 ¼ kopje ananassap
- ¾ kopje Malibu-rum

INSTRUCTIES:
a) Meng in een kleine steelpan de kokosroom en de suiker.
b) Breng aan de kook op middelhoog vuur. Roer tot de suiker is opgelost, ongeveer 5 minuten.
c) Giet het mengsel in een hittebestendige kom en plaats in de koelkast tot het afgekoeld is, ongeveer 15 minuten.
d) Snijd met een klein mesje het vanillestokje in de lengte doormidden en schraap het in een kom.
e) Voeg geraspte kokosnoot, ananassap en Malibu-rum toe.
f) Giet het mengsel in 8 ijslollyvormpjes en plaats in de vriezer tot het bevroren is.
g) Om de ijslolly los te maken van de ingevroren vorm, laat je de vorm snel onder warm water lopen en schud je de ijslolly voorzichtig totdat hij eruit glijdt.

16. Geroosterd Kokosroomijs

Maakt: 4 Porties

INGREDIËNTEN:
- 1 kop ongezoete geraspte kokosnoot
- 13,5-ounce Can kokosmelk
- Twee blikjes kokosroom van 5,4 ounce
- ¼ kopje monniksfruit
- ¼ kopje ahornsiroop
- 3 theelepels vanille
- ⅛ theelepel zout
- 1 eetlepel wodka

INSTRUCTIES:

a) Koel je geïsoleerde kom voor de ijsmachine een nacht.

b) Rooster de ongezoete kokosnoot in een middelgrote koekenpan op middelhoog vuur tot ze goudbruin is en houd goed in de gaten om verbranden te voorkomen. Breng over naar een kom om af te koelen terwijl je je ijsbasis maakt.

c) Voeg in een blender de kokosmelk, kokosroom, monniksfruit, ahornsiroop, vanille, zout en wodka toe. Mix gedurende enkele minuten tot het goed is opgenomen en een beetje luchtig is.

d) Als je een blender hebt, duurt dit minder dan 2 minuten, maar als je een gewone blender hebt, geef het dan bijna 4 minuten.

e) Breng het mengsel over in uw ijsmachine en draai het volgens de INSTRUCTIES van de fabrikant:. Voeg de geroosterde kokos toe een paar minuten voordat de churn voltooid is. Ik heb een standaard Cuisinart-ijsmachine en ik laat mijn ijs in totaal ongeveer 15-20 minuten karnen.

f) Het ijs zal nog vrij zacht zijn voor de schep.

g) Breng het ijs over in een diepvriesbestendige container. Alles van Tupperware tot broodpannen is voldoende. Als je toch met een broodvorm gaat, maar zorg ervoor dat je je ijs bedekt met perkament of plasticfolie.

h) Laat een nachtje afkoelen voor perfect schepbaar ijs.

17. Geroosterde Kokoscake

Voor: 8 plakjes

INGREDIËNTEN:
- ¾ kopje ongezoete appelmoes
- ¾ kopje kokosboter
- ¼ kopje kokosmelk
- ½ kopje kokossuiker
- 1 theelepel vanille-extract
- 1 eetlepel citroensap
- ⅓ kopje kokosmeel
- ⅓ kopje tapiocameel
- ½ kopje ongezoete geraspte kokosnoot
- 1 theelepel zuiveringszout
- ¼ theelepel zout
- 1 blik kokosroom, een nacht gekoeld

INSTRUCTIES:
a) Verwarm de oven voor op 325°F.
b) Verspreid ongeveer 1 kopje ongezoete geraspte kokosnoot op een pan en rooster 5-10 minuten tot ze goudbruin zijn.
c) Verhoog de oventemperatuur tot 350°F.
d) Klop appelmoes, kokosboter, kokosmelk, kokossuiker, vanille en citroensap door elkaar.
e) Voeg de bloem, bakpoeder en zout toe.
f) Vouw in ½ kopje geroosterde kokosnoot.
g) Doe over in een ingevette ovenschaal en strijk de bovenkant glad.
h) Bak gedurende 25-30 minuten op 350°F. De randen moeten goudbruin zijn en het midden stuitert terug als er licht op wordt gedrukt als het klaar is.
i) Laat volledig afkoelen op een afkoelrek.
j) Lepel het vaste deel uit het gekoelde blik kokosroom. Klop met een handmixer en voeg indien gewenst 1-2 eetlepels zoetstof toe.
k) Smeer kokosslagroom op de afgekoelde cake. Bestrooi met meer geroosterde kokos.
l) Snijd en eet!

18. Scones van kokosmeel met suikerglazuur

Voor: 8 scones

INGREDIËNTEN:
BESLAG:
- ¾ kopje kokosmeel
- 6 eetlepels tapiocazetmeel
- ½ kopje suiker, kokossuiker, ahornsuiker of erythritol
- 4 theelepel bakpoeder
- ½ theelepel zeezout
- ½ kopje boter, koud
- 3 grote eieren
- ½ kopje kokosmelk of slagroom
- 1 theelepel vanille-extract
- 1 kopje verse bosbessen
- 1 eetlepel boter of kokosolie voor glaceerbeslag
- 2 eetlepels suiker of erythritol om erover te strooien

glazuur:
- ½ kopje poedersuiker
- 1 eetlepel vers citroensap of uit de winkel gekocht

INSTRUCTIES:

a) Meng in een grote kom de droge ingrediënten, kokosmeel, tapiocazetmeel, suiker, bakpoeder en zout.

b) Neem de koude boter en snijd deze in kleine blokjes. Voeg de boter toe aan de droge ingrediënten en verkruimel met een vork of een deegblender de boter met de droge ingrediënten. Doe dit tot de bloem en de boter op kleine kruimels lijken. Het duurt minimaal 5 minuten.

c) Plaats vervolgens deze kom met verkruimelde boter en bloem in de vriezer zodat deze niet smelt tijdens het werken aan de volgende stappen.

d) Voeg in een middelgrote kom de eieren toe en klop om te mengen.

e) Voeg kokosmelk en vanille toe aan de eieren en klop om te mengen.

f) Giet de natte INGREDIËNTEN: over de verkruimelde boter en roer met een spatel tot alles gemengd is. Het beslag moet dik genoeg zijn om zijn vorm te behouden. Geef het kokosmeel minstens een minuut de tijd om al het vocht op te nemen. Als het beslag niet dik genoeg is, voeg dan 1 eetlepel kokosmeel per keer toe aan het beslag tot het de gewenste dikte heeft.

g) Voeg de bosbessen toe aan het beslag en roer om te combineren.

h) Bekleed een grote bakplaat met bakpapier en leg het beslag op het bakpapier.

i) Gebruik je handen of een spatel en vorm het beslag in de vorm van een cirkel van 20 cm breed en ongeveer 2,5 cm dik.

j) Zet de bakplaat met het beslag in de vriezer om op te stijven. Bevries gedurende 30 minuten.

k) Verwarm de oven voor op 400 ° F.
l) Haal uit de vriezer en snijd in 8 punten.
m) Scheid de partjes zodat ze als aparte plakjes bakken.
n) Smelt in een magnetronbestendige kom 1 eetlepel boter in de magnetron.
o) Borstel of lepel de boter over elke wig. Bestrooi met suiker.
p) Bak gedurende 25 minuten of tot de randen goudbruin zijn en de bovenkant stevig.
q) Laat de scones afkoelen op een afkoelrek.
r) Om het glazuur te maken, doe je poedersuiker in een kleine kom. Voeg citroensap toe en roer tot de glazuur is gemengd. Als je wilt dat het glazuur dunner is, voeg dan meer citroensap toe.
s) Sprenkel het citroensap over de afgekoelde scones en serveer.

19. Hawaiiaanse kokospudding

Maakt: 5 Porties

INGREDIËNTEN:
- 1 blikje kokosmelk
- ½ kopje suiker
- 6 eetlepels maizena
- ¾ kopje water

INSTRUCTIES:
a) Combineer kokosmelk en suiker in een kleine pot. Roer door elkaar en breng aan de kook
b) Meng de maizena met water en roer tot de maizena is opgelost in het water
c) Zodra de kokosmelk kookt, zet je het vuur lager en roer je langzaam de maizena erdoor
d) Blijf de mix roeren tot de consistentie dik en romig is
e) Giet onmiddellijk in een kleine 8 "x8" pan
f) Zet de haupia in de koelkast. Snijd het in vierkanten en serveer.

20. Kokostaartjes Met Frambozenjam

Maakt: 24

INGREDIËNTEN:
- 2 eieren
- ½ kopje suiker
- ¼ kopje gesmolten boter
- 1 theelepel vanille-extract
- 1 ¼ kopjes ongezoete, geraspte kokosnoot
- frambozenjam
- 24 ongebakken taartvormpjes

INSTRUCTIES:
a) Verwarm de oven voor op 375F.

b) Sla de eieren. Voeg dan de suiker, gesmolten boter, vanille en kokos toe.

c) Leg de ongebakken taartvormpjes in hun vormpjes op een bakplaat.

d) Doe een beetje frambozenjam op de bodem van elke schelp.

e) Vul ongeveer ¾ vol met de kokosvulling.

f) Bak ongeveer 20 tot 25 minuten tot de bovenkant licht goudbruin is. Als het afgekoeld is, uit blik halen.

21. **Malse Kokos Soufflé**

Maakt: 4 Porties

INGREDIËNTEN:
- 1 kopje mals kokoswater
- 1 kop Kokosmelk of melk
- ¼ kopje Puree van malse kokosnoot
- ⅔ kop Gecondenseerde melk
- 3 theelepel gelatine

INSTRUCTIES:
a) Mix het vruchtvlees van de kokosnoot tot een gladde pasta. Zorg ervoor dat er geen bruine stukjes in zitten.
b) Verwarm het kokoswater en de gelatine tot de gelatine is opgelost
c) Kook ondertussen de melk.
d) Voeg gecondenseerde melk toe en meng goed.
e) Voeg het kokoswatermengsel toe en haal het van het vuur.
f) Laat het mengsel afkoelen.
g) Voeg hier het gepureerde malse kokosvlees aan toe.
h) Passeer dit door een zeef in een kan.
i) Giet ze in glazen en zet ze vier uur in de koelkast.

22. Kokosnoot Kheer

Maakt: 6

INGREDIËNTEN:
- 750ml Melk
- 50g Suiker
- Het water van 1 Tender Coconut
- ½ kopje Tender Coconut-stukjes, gehakt
- ¼ Theelepel Zout
- ½ Theelepel Kardemompoeder

INSTRUCTIES:
a) Voeg in een mixermaler ¼ van de gehakte stukjes Tender-kokosnoot en ongeveer ¼ kopje van het kokoswater toe en maak een gladde pasta en houd apart.
b) Voeg in een grote kom of koekenpan de melk en het kokoswater toe en plaats de pan op hoog vuur en blijf continu roeren.
c) Laat de melk inkoken tot ¾ van zijn hoeveelheid en voeg dan de suiker en malse kokospasta toe.
d) Verlaag de gasvlam tot medium en blijf roeren en de zijkanten van het vat schrapen.
e) Voeg na ongeveer 10-15 minuten de resterende malse kokosnootstukjes, kardemompoeder, zout en eventueel gedroogd fruit toe. Blijf roeren en breng het aan de kook.
f) Blijf de kheer verder koken als je van dikke kheer houdt.
g) Zodra de kheer klaar is, zet u het vuur uit en houdt u de kheer opzij om af te koelen tot kamertemperatuur.
h) Zet in de koelkast zodat het lekker gekoeld wordt

23. Sago Ruby Met Geraspte Kokosnoot

Maakt: 5 Porties

INGREDIËNTEN:
- 150g Sago, gewassen en uitgelekt
- 6 eetlepels suiker
- 1 ½ kopje water
- 2 stuks pandanblaadjes
- Paar druppels rode kleurstof
- ½ stuk geraspte jonge kokosnoot
- ⅛ theelepel zout

INSTRUCTIES:
a) Meng de ingrediënten B en stoom gedurende 5 minuten op middelhoog vuur. Zet opzij om af te koelen.
b) Breng suiker, water en pandanblaadjes in een middelgrote pan aan de kook tot de suiker is opgelost.
c) Voeg sago en rode kleurstof toe, roer constant tot het bijna gaar is en zet het vuur uit.
d) Giet voorgekookte sago in een voorverwarmde ronde stoomschaal van 20 cm.
e) Stoom op laag vuur gedurende 15 minuten en zet opzij om af te koelen.
f) Schep met je kleine lepel een lepel sago uit de pan en rol het geheel om zodat het bedekt is met de geraspte kokos.

24. Kokos Cream Pie Cupcakes

Maakt: 5

INGREDIËNTEN:
VOOR DE CUPCAKE
- 15-ounce doos witte cakemix
- 1 kopje geraspte gezoete kokosnoot
- 3 grote eiwitten
- ¾ kopjes Kokosmelk, gemengd
- ½ kopje plantaardige olie
- ½ kopje lichtzure room
- 1 theelepel kokosnootextract
- 1 theelepel bakpoeder

VOOR DE VULLING
- 3,4-ounce pakket instant vanillepudding
- ¾ kopje melk, elk type
- 1 theelepel kokosnootextract
- 1 kop zware slagroom
- ¼ kopje poedersuiker

VOOR HET IJS
- 8 ons roomkaas, koud
- 1 ¾ kopjes zware slagroom
- 1 kopje poedersuiker
- 1 theelepel puur vanille-extract
- Geraspte kokos voor garnering

INSTRUCTIES:
VOOR DE CUPCAKE
a) Verwarm de oven voor op 350 ° F. Meng de kokosmelk goed voordat u deze aan het beslag toevoegt.
b) Meng in een grote mengkom de cakemix met alle overige INGREDIËNTEN:.

c) Klop op gemiddelde snelheid tot alle ingrediënten goed gemengd zijn.
d) Schraap langs de zijkanten van de kom en roer vanaf de bodem.
e) Gebruik een grote koekjeslepel om het beslag gelijkmatig te verdelen en elke voering te vullen ⅔ vol.
f) Bak op 350 ° gedurende 15-18 minuten.
g) Controleer op gaarheid door een tandenstoker in het midden van de cupcake te steken. Als de tandenstoker er schoon uitkomt, is je cupcake klaar. Koel volledig af.

VOOR DE VULLING
h) Combineer de pudding met melk en kokosnootextract. Klop tot de pudding is opgelost. Koel tot stevig.
i) Maak de slagroom klaar. Plaats de mengkom en het gardehulpstuk 5 tot 10 minuten in de vriezer om af te koelen.
j) Giet de zware slagroom in de gekoelde kom en gebruik een elektrische mixer om de slagroom op middelhoge snelheid te kloppen tot er zich zachte pieken beginnen te vormen. Voeg de poedersuiker toe en blijf op hoge snelheid kloppen tot er stijve pieken ontstaan.
k) Haal de pudding uit de koelkast en spatel voorzichtig de slagroom erdoor. Doe de vulling in een Ziploc-zak en zet in de koelkast tot gebruik.

VOOR HET IJS
l) Laat de kom weer 5-10 minuten afkoelen. Klop de roomkaas op middelhoge snelheid gedurende 2-3 minuten tot de roomkaas glad en vrij van klontjes is. Schraap af en toe langs de zijkanten van de kom.

m) Voeg 3 eetlepels zware slagroom toe. Klop de roomkaas erdoor tot roomkaas lijkt op een vloeibaar mengsel.

n) Besprenkel langzaam de zware slagroom en blijf kloppen tot de roomkaas lijkt op een vloeibaar mengsel. Blijf de resterende zware slagroom toevoegen en klop op middelhoge snelheid tot zich zachte pieken vormen. Voeg de poedersuiker en het vanille-extract toe en klop tot er stijve pieken ontstaan. Onmiddellijk gebruiken of gekoeld bewaren.

DE CUPCAKES SAMENSTELLEN

o) Verwijder het midden van de cupcake met behulp van een lepel, mes of cupcakeboor. Knip het puntje van de Ziplock zak af en vul het midden met de kokosmousse vulling. Werk af met roomkaas slagroom. Bestrooi met geraspte kokos. Deze cupcakes moeten gekoeld bewaard worden.

25. Kokosmeel Belgische Wafels

Maakt: 4

INGREDIËNTEN:
- 4 eetlepels gesmolten boter of ghee voor paleo
- 6 eieren
- $\frac{1}{8}$ theelepel stevia
- $\frac{1}{2}$ theelepel zout
- $\frac{1}{2}$ theelepel bakpoeder
- $\frac{1}{3}$ kopje kokosmeel

INSTRUCTIES:
a) Meng in een blender de boter en eieren tot ze goed gecombineerd zijn.
b) Voeg de stevia, het zout en het bakpoeder toe en meng om te combineren.
c) Meng het kokosmeel erdoor tot het volledig gemengd is zonder klontjes. Laat het beslag minimaal vijf minuten staan zodat het kan indikken.
d) Voeg desgewenst wat water toe om het beslag te verdunnen.
e) Kook volgens de aanwijzingen van de wafelmaker.

26. Kokosmakronentaart

Maakt 10 porties

INGREDIËNTEN:
- 1 vel gekoelde taartbodem
- 2 grote eieren
- 14-ounce blikje gezoete gecondenseerde melk
- ¼ kopje boter, gesmolten
- 1 theelepel amandelextract
- ¼ theelepel zout
- ¼ kopje bloem voor alle doeleinden
- 14-ounce pakket gezoete geraspte kokosnoot

INSTRUCTIES:
a) Verwarm de oven voor op 350 °. Rol de korst uit tot een 9-in. taartplaat, fluitrand. Koelen.
b) Klop in een grote kom eieren, melk, gesmolten boter, extract en zout tot een mengsel. Roer de bloem erdoor. Bewaar ½ kopje kokosnoot en roer de resterende kokosnoot door het eimengsel. Breng over naar taartbodem. Bestrooi met achtergehouden kokos.
c) Bak op een lager ovenrek tot ze goudbruin zijn en de vulling stevig is, 35-45 minuten. Koel op een rooster. Bewaar restjes in de koelkast.

27. Geroosterde Kokosnoot Gebakken Donuts

Maakt: 12
INGREDIËNTEN:
- ¼ kopje ongezouten boter verzacht
- ¼ kopje plantaardige olie
- ½ kopje kristalsuiker
- ⅓ kopje bruine suiker
- 2 grote eieren
- 1½ theelepel bakpoeder
- ¼ theelepel zuiveringszout
- ½ theelepel nootmuskaat
- ½ theelepel zout
- 1½ theelepel vanille-extract
- 2⅔ kopjes bloem voor alle doeleinden
- 1 kopje karnemelk

GLAZUUR
- 1 kopje poedersuiker
- 1 eetlepel lichte glucosestroop
- 1 eetlepel gesmolten boter
- 2 eetlepels melk
- ½ theelepel vanille-extract
- ⅛ theelepel zout

GEROOSTERDE KOKOSNOOT
- 1 kop gezoete geraspte kokosnoot of geroosterde kokosnoot

INSTRUCTIES:
a) Verwarm de oven voor op 425°. Vet de donutpan in of spuit de pan in met antiaanbakspray.

b) Meng in een grote kom boter, olie en suikers tot een gladde massa.

c) Klop de eieren een voor een erdoor tot ze gecombineerd zijn.

d) Voeg bakpoeder, bakpoeder, nootmuskaat en vanille toe aan het mengsel. Roer tot gecombineerd.

e) Roer de bloem afwisselend met de karnemelk erdoor, begin en eindig met de bloem. Meng net genoeg om te combineren.

f) Vul de donutholtes met een lepel voor $\frac{3}{4}$ met beslag, het deeg is een beetje stijf. Gebruik een tandenstoker om het deeg uit te spreiden tot aan de randen van individuele donutholtes.

g) Bak 10 minuten op het middelste rek van de voorverwarmde oven. Donuts zijn gaar als ze terugveren als er licht op wordt gedrukt. Donuts zullen bleek zijn en niet donkerder worden tijdens het bakken, dit is normaal.

h) Haal de pan uit de oven en laat de donuts iets afkoelen voordat je de pan omkeert om ze te verwijderen.

i) Maak het glazuur door banketbakkerssuiker, glucosestroop, gesmolten boter, melk, vanille en zout in een kleine kom te combineren. Meng grondig. Als het glazuur te dik is, voeg dan 1 theelepel extra melk toe tot de gewenste consistentie.

j) Voeg de kokosnoot toe aan een grote koekenpan op laag tot middelhoog vuur. Kook, onder voortdurend roeren tot de vlokken meestal goudbruin zijn. Haal van het vuur en breng de geroosterde kokosnoot over in een schaal om af te koelen.

k) Doop enigszins warme donuts in glazuur en vervolgens geroosterde kokosnoot. Druk op de kokosnoot om te helpen hechten aan het glazuur.

l) Plaats donuts op een koelrek zodat het glazuur kan opstijven voordat u ze serveert.

28. Tres Leches Kokoscake Trifle

Maakt: 10

INGREDIËNTEN:
TAART
- 1 kopje witte suiker
- 5 eidooiers
- 5 eiwitten
- ⅓ kopje kokosmelk
- ½ theelepel vanille-extract
- 1 theelepel kokosnootextract
- 1 kopje bloem voor alle doeleinden
- 1½ theelepel bakpoeder

MELK SAUS
- 14-ounce blikje gezoete gecondenseerde melk
- 12 vloeibare ounces kan verdampte melk, min ½ kopje
- ¾ kopje kokosmelk

KOKOSNOOTBAKROOM
- 14 ons kokosmelk
- ¾ kopje suiker
- 3 theelepels vanille-extract
- snuf koosjer zout
- 3 grote eidooiers
- 2 eetlepels maizena
- 2 eetlepels ongezouten boter
- 1 kopje gezoete kokosvlokken
- ½ kopje zware slagroom

SLAGROOM
- 2 kopjes zware slagroom
- 6 eetlepels poedersuiker
- geroosterde kokosnoot voor montage en topping

INSTRUCTIES:
a) Om kokosnoot te roosteren, spreid je het uit op een bakplaat en bak je het een paar minuten op 350 graden F, af en toe roerend, tot het geroosterd en bruin is.
b) Leg het op een bord om af te koelen voordat je het gebruikt.

MAAK DE KOKOSBAKROOM:
c) Meng de kokosmelk, suiker, zout en vanille in een middelgrote pan en verwarm het op middelhoog vuur. Klop in een aparte kom de eierdooiers en maizena door elkaar.
d) Wanneer het kokosmelkmengsel heet wordt, temper je de eidooiers door ½ kopje melk op te scheppen en dit langzaam al kloppend bij de dooiers te druppelen.
e) Voeg nu de getemperde dooiers weer toe aan het kokosmelkmengsel dat nog op het fornuis staat en klop 3 minuten op middelhoog vuur, of tot het mengsel dik wordt en bubbelt.
f) Zorg ervoor dat je de volle 3 minuten constant blijft kloppen, zodat je banketbakkersroom later niet loslaat.
g) Klop na de 3 minuten de boter erdoor en vervolgens de kokosnoot. Giet de room in een ondiepe schaal om af te koelen.
h) Dek de afgekoelde room af met plastic folie en druk het recht tegen de banketbakkersroom aan, dit voorkomt velvorming.
i) Zet de banketbakkersroom een uur in de koelkast terwijl u de volgende stappen uitvoert. Als het eenmaal koud is, roer je de banketbakkersroom om het los te maken.
j) Klop de ½ kop zware room tot middelgrote pieken in een gekoelde kom. Roer een derde van de slagroom door de

banketbakkersroom om het luchtiger te maken voordat je de rest erdoor vouwt.

MAAK DE TAART:

k) Verwarm de oven voor op 350 graden F en vet twee 9-inch taartvormen in.

l) Klop in een middelgrote kom de eierdooiers met de ¾ kopje suiker tot ze licht zijn en verdubbeld in volume. Meng de kokosmelk, vanille, kokosextracten, bloem en bakpoeder erdoor.

m) Klop in een aparte kom de eiwitten tot zachte pieken.

n) Voeg de resterende ¼ kopje suiker toe en klop tot zich stijve pieken vormen.

o) Spatel het eiwit voorzichtig door het dooiermengsel tot er geen strepen meer over zijn en giet het beslag in de voorbereide pannen.

p) Bak ze 12-15 minuten op 350 graden of tot een in het midden gestoken tandenstoker er schoon uitkomt.

q) Laat ze 10 minuten in de vorm afkoelen voordat je met een mes langs de rand van de cakelagen gaat en ze omkeert op een afkoelrek. Koel ze volledig af.

SLAGROOM MAKEN:

r) Klop de 2 kopjes room en poedersuiker samen in een gekoelde kom tot stijve pieken.

MONTEER DE TRIFLE:

s) Klop de gecondenseerde melk, verdampte melk en kokosmelk door elkaar voor de Three Milks Sauce.

t) Leg een cakevorm op de bodem van je trifle-vorm en prik er met een vork gaatjes in.

u) Giet rond ⅓ kopje van het melkmengsel erover en laat het ongeveer 30 minuten staan.

v) Bedek het met alle kokos-banketbakkersroom, een royale laag geroosterde kokos en de helft van de slagroom.
w) Prik met een vork in de andere cakelaag.
x) Plaats het bovenop de slagroomlaag in je trifle-schaal en giet er nog een ⅓ kopje van het melkmengsel eroverheen.
y) Dek de trifle af en zet hem 30 minuten in de koelkast. Glazuur de trifle na het afkoelen met de overgebleven slagroom en garneer met de overgebleven geroosterde kokosnoot.
z) Laat het geheel voor het eten een nacht in de koelkast staan.

29. Kokos minitaartjes met chocolade

Maakt: 36 porties

INGREDIËNTEN:
- 14-ounce blikje gezoete gecondenseerde melk
- 2 eetlepels Hazelnootlikeur of water
- 2 eetlepels water
- 1 pak instantchocolade

PUDDING MIX
- 13¾-ounce pakket zachte bitterkoekjes
- 1 kopje fijngehakte pecannoten
- 2 eetlepels ongezoet cacaopoeder
- ⅔ kopje slagroom

KOKOSKORSTJES
- Geroosterde kokosnoot, optioneel
- Slagroom, optioneel
- ⅓ kopje Boter of margarine, gesmolten

INSTRUCTIES:

a) Combineer gezoete gecondenseerde melk, likeur of water en water.

b) Voeg puddingmix en cacaopoeder toe. Slaan tot dat het glad is.

c) Dek af en laat 5 minuten afkoelen.

d) Verslaan ⅔ kop slagroom tot zachte pieken, en vouw in het chocolademengsel.

e) Hoop in kokosnootkorstjes. Koel gedurende 2 tot 24 uur.

f) Garneer eventueel met extra slagroom en geroosterde kokos.

KOKOSKORSTJES:

g) Meng bitterkoekjes, pecannoten en boter.

h) Druk 1 eetlepel mengsel in de bodem en bovenkant van 36 goed ingevette 1¾ "muffinbekers.

i) Bak in een oven van 375 graden gedurende 8-10 minuten of tot de randen bruin zijn. Koel op rooster.

j) Losmaken en uit de cups halen.

30. Pompoentaart Kokoschips

Maakt: 4 porties

INGREDIËNTEN:
- 2 eetlepels kokosolie
- ½ theelepel vanille-extract
- ½ theelepel pompoentaartkruiden
- 1 eetlepel gegranuleerde erythritol
- 2 kopjes ongezoete kokosvlokken
- ⅛ theelepel zout

INSTRUCTIES:
a) Verwarm de oven voor op 350 ° F.
b) Doe kokosolie in een middelgrote magnetronbestendige kom en magnetron tot het gesmolten is, ongeveer 20 seconden. Voeg vanille-extract, pompoentaartkruiden en gegranuleerde erythritol toe aan kokosolie en roer tot gecombineerd.
c) Plaats kokosvlokken in een middelgrote kom, giet het kokosoliemengsel erover en gooi om te coaten. Verspreid in een enkele laag op een bakplaat en bestrooi met zout.
d) Bak 5 minuten of tot de kokosnoot krokant is.

31. Kokos Spirulina Bliss Balls

Maakt: 4 porties

INGREDIËNTEN:
- ¾ kopje gedroogde kokosnoot
- ⅓ kopje kokosmeel
- ⅓ kopje ontpitte dadels, geweekt
- 2 theelepels Blue Spirulina-poeder
- 3 eetlepels kokosboter
- 3 eetlepels ahornsiroop
- 1-2 eetlepels kokosolie
- Snufje zout

INSTRUCTIES:
a) Voeg alle ingrediënten toe aan een keukenmachine en pulseer tot ze samenkomen.
b) Vorm balletjes van het mengsel en leg ze op een met bakpapier beklede plaat of bakplaat.
c) Rol de balletjes desgewenst door meer kokos.
d) Vries de repen minimaal 1-2 uur in tot ze hard zijn.

32. Kokosmakronen cheesecake

Maakt: 8 porties

INGREDIËNTEN:
- ½ kopje gewone zoete koekjes
- ½ kopje kokosmakarons
- ½ kopje boter, gesmolten
- 2 theelepel gelatine
- 1 eetlepel water
- 8-ounce pakje roomkaas verzacht
- ¼ kopje basterdsuiker
- 1 kopje kokosroom
- 1 theelepel fijn geraspte limoenschil
- 1 ½ eetlepel limoensap

INSTRUCTIES:
a) Verwerk koekjes tot ze fijn zijn, voeg boter toe en verwerk tot gecombineerd. Druk het mengsel gelijkmatig over de bodem en zijkanten van een rechthoekige gecanneleerde losse bodem van 11 x 34 cm. Zet de vorm op een dienblad en vries in terwijl je de vulling maakt.
b) Strooi ondertussen gelatine over het water in een kleine hittebestendige kan en zet de kan in een kleine steelpan met kokend water. Roer tot de gelatine is opgelost en laat 5 minuten afkoelen.
c) Klop roomkaas en basterdsuiker in een kleine kom met een elektrische mixer tot een gladde massa. Voeg kokosroom, schil en sap toe en klop tot een gladde massa. Roer het gelatinemengsel erdoor.
d) Giet het mengsel in de kruimelkorst. Dek af en zet ongeveer 3 uur in de koelkast of tot het is uitgehard.

33. Kokos Goji Bessen Ballen

Maakt: 15

INGREDIËNTEN:
- 1 kop verpakte, ontpitte dadels
- 1 kopje fijne of medium ongezoete geraspte kokosnoot
- ½ kopje rauwe cashewnoten
- ½ kopje gedroogde goji-bessen
- extra kokosnoot voor coating, optioneel

INSTRUCTIES:
a) Doe de dadels in een kom en bedek ze met heet water. Laat 15 minuten weken en laat dan goed uitlekken.

b) Voeg de kokosnoot, gojibessen en cashewnoten toe aan een keukenmachine en mix ongeveer 30 seconden op de hoogste stand.

c) Voeg de uitgelekte dadels toe en verwerk tot een kruimelig deeg.

d) Rol het deeg in 15 balletjes en rol ze eventueel in geraspte kokos. Bewaar in de koelkast tot 7 dagen of in de vriezer tot 3 maanden.

34. Goji-kokosnootdriehoeken

Maakt: 6

INGREDIËNTEN:
- 3 kopjes rauwe amandelen
- ½ kopje Goji-bessen
- 1 kop kokosvlokken
- 2 eetlepels Kokoswaterpoeder
- ⅓ kopje honing
- 1 theelepel vanille-extract
- ¼ theelepel zout
- ⅓ heet water

INSTRUCTIES:
a) Pureer de amandelen in een keukenmachine tot ze fijn zijn. Meng de rest van de droge ingrediënten erdoor en pulseer opnieuw. Giet in een grote kom en zet opzij.

b) Meng in een andere kom honing, heet water en vanille. Roer goed door elkaar en voeg het toe aan de droge ingrediënten. Voeg de kaneel en het zout toe en roer goed door.

c) Doe het mengsel in een grote ovenschaal en druk het met je handen gelijkmatig in de pan.

d) Laat de repen minstens 30 minuten in de koelkast afkoelen voordat je ze in vierkanten snijdt om te serveren.

35. Kokos Bieten Ijs

Maakt: 4 porties

INGREDIËNTEN:
KOKOSNOOT LAAG:
- 3 kopjes geraspte kokosnoot
- ¼ kopje rijstmoutstroop
- 1 eetlepel kokosmelk
- 1 eetlepel kokosolie

ROZE LAAG:
- 3 kopjes geraspte kokosnoot
- ¼ kopje rijstmoutstroop
- 1 eetlepel kokosmelk
- 1 eetlepel kokosolie
- 2 eetlepels biologische chiazaden
- ⅓ kopje Goji-bessen
- 1 theelepel biologisch bietenpoeder

INSTRUCTIES:
a) Doe de ingrediënten voor de kokoslaag in een keukenmachine en pulseer tot het mengsel aan elkaar plakt. Spreid het mengsel uit op een beklede middelgrote vierkante bakvorm en plaats het in de vriezer.

b) Ga vervolgens verder met de roze laag, plaats de ingrediënten voor deze laag in de keukenmachine en pulseer tot het mengsel aan elkaar plakt. Verspreid over de kokoslaag en vries in.

c) Laat het minstens 30 minuten invriezen voordat u het in vierkanten snijdt.

d) Top met extra Goji-bessen om te serveren.

36. Tropische kokospudding

Maakt: 2 Porties

INGREDIËNTEN:
- ¾ kopje ouderwetse glutenvrije haver
- ½ kopje ongezoete geraspte kokosnoot
- 2 kopjes water
- 1¼ kopjes kokosmelk
- ½ theelepel gemalen kaneel
- 1 banaan, in plakjes

INSTRUCTIES:
a) Gebruik een kom om de haver, kokosnoot en water te combineren. Dek af en laat een nacht afkoelen.
b) Breng het mengsel over in een kleine steelpan.
c) Voeg de melk en kaneel toe en laat ongeveer 12 minuten op middelhoog vuur sudderen.
d) Haal van het vuur en laat 5 minuten staan.
e) Verdeel over 2 kommen en garneer met de plakjes banaan.

37. Citroen-kokosmuffins

Maakt: 8-10

INGREDIËNTEN:
- 1 ¼ kopje amandelmeel
- 1 kopje geraspte ongezoete kokosnoot
- 2 eetlepels kokosmeel
- ½ theelepel zuiveringszout
- ½ theelepel bakpoeder
- ¼ theelepel zout
- ¼ kopje honing
- Sap en schil van 1 citroen
- ¼ kopje volle kokosmelk
- 3 eieren, geklopt
- 3 eetlepels kokosolie
- 1 theelepel vanille-extract

INSTRUCTIES:
a) Breng de hitte van je oven op 350 graden. Meng in een kleine kom alle natte INGREDIËNTEN:.

b) Combineer alle droge ingrediënten in een middelgrote kom.

c) Giet nu de natte INGREDIËNTEN: in de droge ingrediëntenkom en roer tot een beslag.

d) Laat je beslag een paar minuten staan en roer het dan weer door. Vet nu een muffinvorm in en vul ze voor ongeveer tweederde. Schuif het in de oven en bak ongeveer 20 minuten.

e) Test de gaarheid van de muffin door een tandenstoker in het midden te steken, en als deze er schoon uitkomt, betekent dit dat je klaar bent om te gaan. Haal uit de oven, laat een minuut afkoelen en serveer!

38. Kokosnoot vreugden

Maakt: 3-½ dozijn

INGREDIËNTEN:
- ½ kopje Kokosboter
- 2 kopjes gezeefde poedersuiker
- 3 kopjes kokosvlokken
- ⅓ kopje halfzoete chocoladeschilfers

INSTRUCTIES:
a) Smelt demet cannabis doordrenktboter in een pan op laag vuur en haal van het vuur.
b) Roer de poedersuiker en kokos erdoor en vorm balletjes van ¾ inch. Koel tot het stevig is.
c) Plaats chocoladeschilfers in een kleine stevige plastic zak met ritssluiting en sluit deze af.
d) Dompel onder in heet water tot de chocolade smelt.
e) Knip een klein gaatje in 1 hoek van de zak en sprenkel chocolade over de kokosballen.
f) Laat de snoepjes stevig staan en bewaar ze in de koelkast.

39. Roze Kokosroomijs

Maakt: 4 Porties

INGREDIËNTEN:
- ⅓ kopje rozenthee
- 2 kopjes kokosroom
- ¾ kopje melk
- 10 eidooiers
- 5 eetlepels eenvoudige siroop
- 1 kop kokosnoot, versnipperd

INSTRUCTIES:
a) Verwarm in een dubbele ketel tot het bijna kookt en haal van het vuur, de rozenthee en room.

b) Klop in een aparte kom de eieren en melk schuimig.

c) Giet de warme melk al kloppend over de eieren en giet ze terug in de pan op laag vuur.

d) Kook en roer tot het mengsel dikker wordt.

e) Het mengsel moet in een schone kom worden gezeefd en kokosnoot toevoegen.

f) Dek af met plasticfolie en laat afkoelen tot kamertemperatuur.

g) Giet in een elektrische ijsmachine en volg de instructies van de fabrikant.

40. Kokos Jello Gummies

Maakt: 4 Porties

INGREDIËNTEN:
- 3-ounce doos Jello
- ¼ kopje water
- ¼ kopje kokosolie
- 1 pakket met wateraroma's
- 1 pakje + 1 theelepel ongeparfumeerde gelatine

INSTRUCTIES:
a) Meng alle ingrediënten in een middelgrote pan tot ze dik zijn en redelijk goed gemengd.
b) Giet in vormen. Zet in de vriezer om op te stijven.
c) Haal uit de vormen en laat ze 24 uur aan de lucht drogen in de koelkast, waarbij u ze elk omdraaithalverwege smullen.
d) Koel bewaren.

41. Amaretto-kokostaart

Maakt: 9-inch taart

INGREDIËNTEN:
- - Sue Woodward
- ¼ kopje Boter of margarine, verzacht
- 1 kopje Suiker
- 2 grote eieren
- ¾ kopje melk
- ¼ kopje Amaretto
- ¼ kopje zelfrijzend bakmeel
- ⅔ kop Geschilferde kokosnoot

INSTRUCTIES:
a) Klop boter en suiker med. snelheid van een elektrische mixer tot licht en luchtig.
b) Voeg eieren toe en klop goed.
c) Voeg melk, amaretto en bloem toe en klop goed.
d) Roer de kokos erdoor. Giet het mengsel in een licht ingevette 9"taartplaat.
e) Bak op 350 ~ gedurende 35 minuten of tot het is uitgehard.
f) Laat volledig afkoelen op een rooster.

42. Taaie kokosmakarons

Maakt: 18 porties

INGREDIËNTEN:
- $1\frac{1}{2}$ kopje Kokosnoot, in vlokken
- $\frac{1}{3}$ kopje suiker
- $\frac{1}{8}$ theelepel Zout
- 2 eetlepels Meel
- 2 Eiwitten
- $\frac{1}{2}$ theelepel amandelextract

INSTRUCTIES:
a) Combineer kokos, suiker, zout en bloem. Roer de eiwitten en het amandelextract erdoor en meng goed.
b) Druppel een theelepel op licht ingevette bakplaten.
c) Bak 20 minuten op 325 ° F of tot ze goudbruin zijn aan de randen.
d) Haal in één keer uit de bakplaten.

43. Cheesy kokosnoot paaseieren

Maakt: 1 Portie

INGREDIËNTEN:
- 3-ounce pakket roomkaas verzacht
- ½ theelepel vanille
- 1 pond banketbakkerssuiker
- ¼ kopje Geschilferde kokosnoot
- streepje Zout
- 1 pond Chocoladesmaak of pastel samengestelde coating, gesmolten

INSTRUCTIES:
a) Combineer roomkaas en vanille in een kom.
b) Voeg geleidelijk banketbakkerssuiker, kokosnoot en zout toe.
c) Meng tot een consistentie die gemakkelijk kan worden gehanteerd, voeg indien nodig meer banketbakkerssuiker toe.
d) Vorm snoep in eieren en laat ongeveer 1 uur opstijven.
e) Dompel in de samengestelde coating en laat het stevig worden.

44. Kokos engelencake

Maakt: 1 Portie

INGREDIËNTEN:
TAART:
- ¾ kopje cakemeel
- 8 grote eiwitten
- ½ theelepel Zout
- ½ theelepel Crème van wijnsteen
- 1 kop Superfijne suiker
- ½ theelepel vanille
- ½ theelepel Amandelextract
- ½ kopje Kokosnoot, versnipperd

IJZEL:
- 1¼ kopje suiker
- 2 grote eiwitten
- 1 theelepel Sinaasappelschil, geraspt
- ¼ kopje Sinaasappelsap, gezeefd
- 1 eetlepel glucosestroop
- 1 kop Kokosnoot, versnipperd en geroosterd

INSTRUCTIES:
a) Zeef de bloem 3 keer op een vel vetvrij papier. Klop in een grote kom met een elektrische mixer de eiwitten met het zout schuimig. Voeg de room van wijnsteen toe en klop tot zachte pieken. Klop beetje bij beetje ½ kopje suiker erdoor.

b) Voeg het vanille- en amandelextract toe en klop het eiwit tot stijve pieken. Spatel beetje bij beetje de resterende ½ kop suiker erdoor. Zeef de bloem in 4 porties over het eiwit en spatel het na elke zeef voorzichtig door het beslag. Vouw de kokosnoot erdoor.

c) Lepel het beslag in een 9-inch buispan, 3½-inch diep. Bak in het midden van een voorverwarmde 275f oven gedurende 1 ½ uur.

d) Hang de cake in de vorm, ondersteboven, aan de hals van een fles en laat het 90-120 minuten afkoelen of tot het volledig is afgekoeld. Maak de cake los met een scherp mes, stort hem op een rooster en keer hem om op een taartschaal.

e) Klop in een metalen kom de suiker, eiwitten, schil, sap, glucosestroop en een snufje zout door elkaar. Zet de kom op kokend water en kook, al roerend, tot het 140F registreert op een suikerthermometer.

f) Haal de pan van het vuur en klop het mengsel gedurende 3 minuten boven het hete water. Haal de kom uit het water en klop met een elektrische mixer het glazuur gedurende 7-10 minuten op hoge snelheid of tot het afgekoeld is en stijve pieken vasthoudt.

g) Smeer de bovenkant en zijkanten van de cake in met de frosting en smeer de buitenkant in met de geroosterde kokosnoot.

45. Kokosappel-vierkanten

Maakt: 3 porties

INGREDIËNTEN:
- ½ kopje boter
- ½ kopje bruine suiker
- 1 theelepel vanille
- 1½ kopje gezeefde bloem
- ¼ theelepel Zout
- 1⅓ kop Geschilferde kokosnoot
- 21 ons Apple Pie-vulling
- 1 eetlepel Citroensap
- ½ theelepel kaneel
- ¼ theelepel Foelie

INSTRUCTIES:
a) Klop zachte boter, suiker en vanille. Zeef de bloem en het zout samen en roer dit door het romige mengsel.
b) Voeg kokos toe en meng goed.
c) Doe/dep de helft in een ingevette 8 x 8 x 2 pan. Combineer de resterende INGREDIËNTEN:, en lepel de kokosnoot in de pan.
d) Top met het resterende kokosmengsel en klop lichtjes.
e) Bak 20 tot 25 minuten op 375 graden. Serveer warm met ijs.

46. Kokos-abrikozenreepjes

Maakt: 1 Portie

INGREDIËNTEN:
- ½ kopje bakvet, halve boter
- ½ kopje banketbakkerssuiker
- 2 Eierdooiers
- 1 kop meel
- ½ kopje dikke abrikozenconserven
- ½ kopje dikke ananasconserven
- Kokos Meringue

INSTRUCTIES:
a) Verwarm de oven tot 350. Meng bakvet, suiker en dooiers grondig.

b) Roer de bloem door het suikermengsel. Druk en maak plat om de bodem van de niet-ingevette langwerpige pan te bedekken.

c) Bak gedurende 10 minuten. Haal uit de oven en verdeel de conserven erover, daarna met Meringue.

d) Zet terug in de oven en bak ongeveer 20 minuten tot de meringue goudbruin is.

e) Iets afkoelen en in kleine repen snijden.

47. Shortcakes met kokoskoekjes

Maakt: 6 porties

INGREDIËNTEN:
- 2⅓ kopje Bisquick bakmix
- 3 eetlepels Suiker
- 3 eetlepels margarine of boter, gesmolten
- ½ theelepel gemalen kaneel
- ¾ kopje Geschilferde kokosnoot, licht geroosterd
- ½ kopje melk
- 1 eetlepel Suiker
- 1 kwart verse bessen
- ¾ kopje slagroom
- 2 eetlepels kristalsuiker of poedersuiker

INSTRUCTIES:
a) Verwarm de oven op 425. Meng de bakmix, 3 eetlepels suiker, de margarine, kaneel, kokosnoot en melk tot er een zacht deeg ontstaat.
b) Leg op een licht bestrooid oppervlak met bakmix en rol voorzichtig in de bakmix om te coaten. Vorm het deeg tot een bal en kneed 8 tot 10 keer. Pat of rol het deeg ½ inch dik. Bestrooi met 1 eetlepel suiker.
c) Snijd met een 3-inch mes gedoopt in bakmix. Leg op een niet-ingevette bakplaat.
d) Bak gedurende 10-12 minuten of tot ze goudbruin zijn. Klop slagroom en 2 eetlepels suiker in een gekoelde middelgrote kom op hoge snelheid stijf.
e) Splits warme shortcakes, vul ze en bedek ze met bessen.
f) Werk af met slagroom.

48. Bonbons van kokos

Maakt: 1 Portie

INGREDIËNTEN:
- 15 ons gezoete gecondenseerde melk
- ½ kopje boter of margarine
- 2 kopjes banketbakkerssuiker
- 12 ons Kokosnoot, geraspt gedroogd
- 24 ons halfzoete chocolade
- 4 eetlepels bakvet

INSTRUCTIES:
a) Meng gecondenseerde melk, boter, suiker en kokosnoot. Dek af met vetvrij papier en laat 24 uur afkoelen.
b) Smelt chocolade met bakvet. Rol balletjes van het kokosmengsel en dip ze met een vork in de chocolade. Druppel op vetvrij papier om af te koelen en te drogen.

49. Kokoskoekjes

Maakt: 1 Portie

INGREDIËNTEN:
- 2¼ kopjes bloem
- 1 eetlepel bakpoeder
- ½ theelepel zuiveringszout
- ½ theelepel zout
- 5 Eetlepels boter, in stukjes gesneden
- 1 kop kokosmelk
- 1 kop gezoete kokosnoot, geroosterd en geraspt
- ½ kopje gedroogde papaya, gehakt
- 2 eetlepels boter, gesmolten

INSTRUCTIES:
a) Zeef de droge ingrediënten. Voeg boter toe en meng voorzichtig. Voeg kokosmelk en kokos toe, verwijder 3 eetlepels voor de topping en voeg papaya toe.

b) Roer door elkaar en voeg indien nodig extra melk toe. Kneed licht gedurende 30 seconden en rol tot ¾-inch. Pons met een mes rondjes van 2 inch uit.

c) Leg ze op een licht beboterd vel en bestrijk de bovenkant van de koekjes met boter en bedek met gereserveerde kokosnoot.

d) Bak in een voorverwarmde oven van 450 graden gedurende 12-15 minuten.

50. **Kokosbellen**

Maakt: 1 Portie

INGREDIËNTEN:
- ½ kopje bakvet, deels boter
- 1 kop Bruine suiker
- 1 ei
- ½ theelepel vanille
- ¼ theelepel Citroenextract
- 2 eetlepels Melk
- 1 kop meel
- ½ theelepel Zout
- 2 theelepels bakpoeder
- ⅓ kop Geraspte kokosnoot
- 2 eetlepels Fijngehakte gekonfijte
- sinaasappelschil

INSTRUCTIES:
a) Verwarm de oven tot 325. Meng bakvet, suiker, ei, vanille, extract en melk.
b) Roer de bloem, zout en poeder erdoor.
c) Meng de kokosnoot en schil.
d) Verspreid in een licht ingevette vierkante pan.
e) Bak gedurende 30-35 minuten.
f) Terwijl het warm is, in repen snijden.

51. Kokos brownies

Maakt: 16 porties

INGREDIËNTEN:
- ½ kopje boter
- 2 kopjes Suiker
- 4 eieren
- 3 theelepels vanille
- 1½ kopje gezeefde bloem
- ½ kopje ongezoete cacao
- ½ theelepel Zout
- 1 kop Geschilferde kokosnoot
- ½ kopje Chocoladeschilfers
- 2 eetlepels Suiker
- ½ kopje walnoten, gehakt

INSTRUCTIES:
a) Smelt de boter op laag vuur en verwijder deze. Voeg 2 c suiker toe. Verslaan.
b) Voeg eieren en vanille toe. Mengen.
c) Voeg bloem, cacao en zout toe. Mengen. Roer de kokos erdoor.
d) Giet in ingevette 13x9 "pan. Strooi de resterende INGREDIËNTEN: eroverheen.
e) Bak gedurende 30 minuten op 350F. Koel in de pan en snijd in repen.

52. Coconut butterscotch-chips

Maakt: 3 dozijn

INGREDIËNTEN:
- 1½ kopje bloem voor alle doeleinden
- ½ theelepel Zuiveringszout
- ½ kopje boter of bakvet
- ½ kopje Stevig verpakte bruine suiker
- 1 pakje Butterscotch puddingmix
- 1 ei
- ½ kopje Geschilferde kokosnoot

INSTRUCTIES:
a) Meng bloem met zuiveringszout. Roomboter en klop in suiker en puddingmengsel.

b) Voeg ei toe en meng goed. roer het bloemmengsel erdoor.

c) Vorm kleine balletjes van ongeveer 2,5 cm doorsnee. Rol in kokosnoot.

d) Leg ze op niet-ingevette bakplaten en druk aan met de bodem van het glas dat in bloem is gedoopt.

e) Bak gedurende 10 minuten op 350 graden F.

f) Haal van de vellen en laat afkoelen op rekken.

53. Karamels van kokosnoot

Maakt: 1 Portie

INGREDIËNTEN:
- 3 kopjes bruine suiker
- 1 kop Melk
- 1 theelepel boter
- 1 kop Kokosnoot

INSTRUCTIES:
a) Smelt 1 kopje bruine suiker. Voeg melk, resterende bruine suiker en boter toe.

b) Kook tot softbal. Voeg kokosnoot toe. Klop en laat vallen van een theelepel op vetvrij papier. Koel.

54. Kokosnoot charlotte

Maakt: 16 porties

INGREDIËNTEN:
- 2 kop melk
- 1 kopje suiker
- $\frac{1}{2}$ theelepel puur vanille-extract
- 5 eidooiers
- $\frac{1}{4}$ kopje maizena
- $\frac{1}{4}$ kopje water
- 1 kopje gezoete vlokken kokosnoot
- 1 eetlepel boter
- $1\frac{1}{2}$ eetlepel gelatine
- 4 eetlepels water
- 1 recept biscuitgebak
- 2 kopjes aardbeienjam, warm
- $\frac{1}{2}$ kopje slagroom
- $1\frac{1}{2}$ kopje gezoete slagroom

INSTRUCTIES:
a) Meng in een pan met anti-aanbaklaag op middelhoog vuur de melk, suiker en vanille. Klop om de suiker op te lossen. Als het mengsel zachtjes aan de kook komt, neem dan 1 kopje van het melk-suikermengsel en voeg het toe aan de dooiers. Klop om goed te mengen. Tempereer het eimengsel door het melkmengsel.

b) Kook op middelhoog vuur tot het iets dikker wordt, 4 tot 5 minuten, af en toe kloppend. Los de maïzena op in het water.

c) Voeg dit mengsel op middelhoog vuur langzaam toe aan de pan en klop constant gedurende 1 minuut. Blijf ongeveer 2 minuten roeren met een houten lepel.

d) Voeg de kokos toe en blijf nog 2 minuten roeren.

e) Voeg de boter toe en roer tot het volledig is gesmolten en het mengsel is ingedikt tot een custard, ongeveer 2 minuten. Week de gelatine in het water en roer het door de hete custard.

f) Giet het mengsel in een glazen kom. Dek af met plasticfolie en druk de folie langs het oppervlak van de custard om velvorming te voorkomen. Koel volledig af, af en toe roerend, en laat minstens 4 uur afkoelen.

g) Trek de Biscuit voorzichtig los van het papier. Leg de cake op een vers stuk bakpapier. Rol en rol de cake meerdere keren uit. Verdeel de jam met een spatel gelijkmatig over het biscuitgebak.

h) Gebruik het papier eronder om je te helpen en rol de cake voorzichtig strak op. Koel tot het is uitgehard, ongeveer 1 uur. Haal uit de koelkast en snijd in ronde plakjes van $\frac{1}{4}$ inch. Boter een ondiepe 9-inch stalen ring en een bakplaat. Bekleed zowel de zijkanten als de onderkant van de ring met de cakeplakken en pak ze stevig in zonder ze te overlappen. Spatel de slagroom door het kokosmengsel.

i) Schep het kokosmengsel in de vorm. Dek af met plasticfolie en zet in de koelkast tot het hard is, ongeveer 3 uur. Haal uit de koelkast en keer om op een glazen serveerschaal. Snijd de vorm in individuele porties en garneer met gezoete slagroom en munt.

55. Kokosnoot wolken

Maakt: 1 Portie

INGREDIËNTEN:
- 2⅔ kop Kokosnootschilfers, verdeeld
- 1 pak Gele cakemix
- 1 ei
- ½ kopje plantaardige olie
- ¼ kopje water
- 1 theelepel amandelextract

INSTRUCTIES:
a) Verwarm de oven voor op 350. Zet opzij 1⅓ kopje kokosnoot.

b) Combineer de cakemix, het ei, de olie, het water en het amandelextract in een grote kom.

c) Klop op lage snelheid met een elektrische mixer. Roer de resterende 1 erdoor ⅓ kopjes gereserveerde kokosnoot. Laat een afgeronde theelepel deeg in de gereserveerde kokosnoot vallen en rol het lichtjes op. Leg op een niet-ingevette bakplaat.

d) Herhaal met het resterende deeg en plaats de ballen 2 inch uit elkaar. Bak 10-12 minuten, of tot licht goudbruin. Koel gedurende 1 minuut op bakplaten.

e) Verwijderen naar koelrekken. Verzamel volledig. Bewaar in een luchtdichte container.

56. Kokos crispettes

Maakt: 6 porties

INGREDIËNTEN:
- 3 Eiwitten
- 2 kopjes cornflakes
- ½ kopje geraspte kokosnoot
- 1 theelepel vanille
- 1 kopje Suiker

INSTRUCTIES:
a) Klop het eiwit stijf en voeg andere ingrediënten toe.
b) Druppel een theelepel vol op een ingevette bakvorm.
c) Bak in een matig hete oven.
d) Bak gedurende 15 minuten op 375 graden.

57. Kokosnoot hooibergen

Maakt: 1 Portie

INGREDIËNTEN:
- 2¼ kopje Geschilferde gezoete kokosnoot
- 8 ons Bitterzoete chocolade, fijngehakt

INSTRUCTIES:
a) Verwarm de oven voor op 350 graden F. Leg de kokosnoot in een enkele laag op een bakplaat.
b) Rooster tot ze goudbruin zijn, ongeveer 10 minuten. De randen zullen sneller roosteren dan het midden, dus roer de kokosnoot om de paar minuten om een gelijkmatige kleuring.
c) Smelt de chocolade in een dubbele boiler boven heet water, zorg ervoor dat de bodem van de kom het water niet raakt.
d) Haal de chocolade van het vuur en klop tot een gladde massa. Roer de kokos erdoor.
e) Gebruik ongeveer 1 eetlepel per hooiberg om het mengsel in 1½-inch hoge stapels te vormen.
f) Leg ze op een bakplaat. Zet in de koelkast tot het hard is, ongeveer 30 minuten.

58. Aardbei Kokos Chia Pudding

Maakt: 2

INGREDIËNTEN:
- 1 kopje aardbeien
- 1 kopje verdampte kokosmelk
- 1 kopje havermelk
- 3 eetlepels chiazaad
- Ahornsiroop om te zoeten

INSTRUCTIES:
a) Roer je chiazaad en havermelk door elkaar in een bakje met deksel.

b) Klop het nog eens 10 minuten, dek af en laat het een nacht of minstens 3-4 uur afkoelen.

c) Combineer de verdampte kokosmelk en aardbeien in een blender en mix tot een romig geheel.

d) Giet de aardbeienvloeistof over de bovenkant van je chiapudding in je serveerglas of kom.

e) Als optie kunt u zoveel ahornsiroop toevoegen als u wilt om de smaak in evenwicht te brengen.

59. Kokos Havermout Koekjes

Maakt: 24

INGREDIËNTEN:
- 1 ¼ kopjes glutenvrije gerolde haver
- ¼ kopje niet-zuivelmelk
- ½ kopje kokossuiker
- 2 theelepels gemalen lijnzaad
- 6 eetlepels groentebouillon
- 1/3 kopje amandelboter
- ½ kopje geraspte kokosnoot
- 1 theelepel vanille-extract
- ¼ theelepel zout

INSTRUCTIES:
a)   Verwarm de oven voor op 325 ° F.
b)   Klop in een steelpan de niet-zuivelmelk en het gemalen lijnzaad onder voortdurend roeren door elkaar. Als het mengsel kookt, haal je het van het vuur en zet je het opzij.
c)   Meng in een mengkom de helft van de ahornsiroop, groentebouillon en amandelboter.
d)   Meng het vlasmengsel, zout en vanille-extract erdoor. Meng de haver, kokosnoot en resterende siroop erdoor tot alles goed gemengd is. Wacht tot het deeg erg dik is.
e)   Schep het deeg op een bakplaat ongeveer 2 centimeter uit elkaar met een schep of lepel.
f)   Bak tot de bodem lichtbruin is en laat volledig afkoelen voor het opdienen.

60. Pompoen Muffins

Maakt: 12

INGREDIËNTEN:
- 15oz 100% pompoenpuree
- 1/3 kopje ongezoete plantaardige melk
- 2 kopjes amandelmeel
- 1 theelepel bakpoeder
- 1/3 kopje ongezoete appelmoes
- 2/3 kop kokossuiker
- 2 theelepels vanille
- 3 theelepels kaneel
- 1 theelepel zuiveringszout
- Pompoenzaden, gehakt
- Snufje zout

INSTRUCTIES:
a) Combineer het amandelmeel, bakpoeder, ahornsiroop, kaneel, bakpoeder en zout in een middelgrote mengkom.

b) Meng de pompoenpuree, niet-zuivelmelk, appelmoes en vanille erdoor. Vermijd overmixen.

c) Vul de rand van een muffinvorm met 12 kopjes met beslag, een grote lepel per keer.

d) Bak gedurende minstens 20-25 minuten op het middelste rooster van de oven.

e) Steek een tandenstoker in het midden om te controleren op gaarheid; het mag geen tekenen vertonen dat het ongekookt is.

f) Laat de muffins een paar minuten volledig afkoelen voordat je ze serveert.

61. Hazelnoot Rozemarijn Bros

Maakt: 10

INGREDIËNTEN:
- 2/3 kop geroosterde hazelnoten, grof gehakt
- 2 eetlepels lichte glucosestroop
- 1 ½ theelepel fijngehakte verse rozemarijnblaadjes
- 2 kopjes kokossuiker
- 1 kopje water
- ½ theelepel fijn zout

INSTRUCTIES:
a) Leg een bakplaat in lijn met bakpapier en leg deze opzij.
b) Verwarm de glucosestroop, ahornsiroop en water op middelhoog vuur in een pan met dikke bodem.
c) Roer regelmatig tot het mengsel minimaal 3 minuten kookt.
d) Kook nog 20 minuten. Draai de pan af en toe rond, maar roer niet totdat het een uitstekende mix van een diepe amberkleur heeft.
e) Haal de pan van het vuur en roer de hazelnoten, rozemarijn en zout erdoor.
f) Giet het op de bakplaat en verdeel het gelijkmatig met een rubberen spatel.
g) Laat volledig afkoelen tot het hard is en breek het dan met je handen.

62. Cranberry Sinaasappelsaus

Maakt: 8

INGREDIËNTEN:
1 kopje sinaasappelsap
4 kopjes veenbessen
1 kopje kokossuiker

INSTRUCTIES:
Combineer de ingrediënten.
Breng aan de kook in een pan op hoog vuur. Wacht tot de veenbessen barsten.
Laat sudderen op je fornuis en laat 10-15 minuten koken, af en toe roerend om ervoor te zorgen dat alle ingrediënten zijn opgenomen.
Laat de cranberrysaus afkoelen voordat je hem serveert of bewaar hem maximaal een week in de koelkast.

63. Makkelijkste Fudgiest Avocado Brownies

Maakt: 16

INGREDIËNTEN:
- 2 rijpe middelgrote avocado's, in blokjes gesneden
- ½ kopje ongezoet natuurlijk cacaopoeder
- 3/4 kop kokossuiker
- ½ kopje amandelmeel
- 1 theelepel bakpoeder
- ¼ theelepel koosjer zout
- Bak spray

INSTRUCTIES:
a) Verwarm de oven voor op 350 ° F met een rooster in het midden.
b) Spuit groentebouillon in een bakvorm van 20 x 20 cm.
c) Combineer de avocado's, cacaopoeder, kokossuiker, bakpoeder en zout in de keukenmachine. Mix gedurende 12 tot 15 pulsen of tot een gladde massa.
d) Voeg de bloem toe en pulseer gedurende 8 tot 10 pulsen of tot het volledig is opgenomen.
e) Verdeel het beslag in een gelijkmatige laag over de pan. Bak gedurende 45 minuten of totdat de randen van de pan van elke kant beginnen weg te trekken.
f) Laat volledig afkoelen alvorens te snijden en te serveren.

64. Frambozen Perzik Taart

Maakt: 8

INGREDIËNTEN:
- 1 ¼ kopjes amandelmeel
- 1/3 kopje verkorting
- ¼ kopje koud water
- ½ theelepel zout
- Vulling
- 3 kopjes verse frambozen
- ¼ kopje maizena
- 4 middelgrote perziken, geschild en in plakjes
- 1 1/3 kopjes kokossuiker
- 1/3 kopje water
- 5 theelepels citroensap

INSTRUCTIES:
a) Combineer 1¼ kopje amandelmeel en ½ theelepel zout in een grote mengkom.
b) Doe het bakvet totdat het mengsel op grove kruimels lijkt. Voeg water toe en roer tot het mengsel een bal vormt.
c) Rol de taartbodem zodat deze in een 9-inch taartplaat past.
d) Breng over naar een taartplaat en snijd de randen bij. Bekleed een niet-geperforeerd bladerdeeg met dubbele dikke stevige folie.
e) Vul de container met gedroogde bonen, ongekookte rijst of taartgewichten.
f) Bak in de oven op 450 ° F gedurende 8 minuten.
g) Bak nog eens 5-7 minuten of tot ze goudbruin zijn na het verwijderen van de folie.

h) Combineer de perziken, ahornsiroop en citroensap in een grote pan.

i) Meng maizena en water tot een gladde massa. Meng het perzikmengsel erdoor.

j) Breng aan de kook en kook, onder voortdurend roeren, gedurende minstens 1 minuut of tot het ingedikt is.

k) Wacht om af te koelen. Vouw de frambozen erdoor en schep ze in de taartbodem.

l) Zet minimaal 4 uur in de koelkast, bij voorkeur een nacht. Koel eventuele restjes.

65. Citruscompote met Granita van Grapefruit

Maakt: 6

INGREDIËNTEN:
- 2 kleine grapefruits
- 1 ½ kopje robijnrood grapefruitsap
- 1/3 kopje granaatappelpitjes
- ½ kopje water
- ½ kopje kokossuiker
- 2 kleine navelsinaasappels
- 2 clementines

INSTRUCTIES:
a) Breng in een kleine pan water en ahornsiroop aan de kook en roer.
b) Zet opzij en laat het een paar minuten afkoelen.
c) Voeg het grapefruitsap toe en meng goed. Breng over naar een vierkante schaal van 8 inch en bevries gedurende 1 uur.
d) Roer met een vork en vries nog 2-3 uur langer in tot het helemaal bevroren is. Roer elke 30 minuten.
e) Elke sinaasappel moet van boven en van onder een dun plakje hebben. Verwijder met een mes de schil en de buitenste laag van de sinaasappels.
f) Geschilde en gesegmenteerde clementines moeten aan de sinaasappels en grapefruit worden toegevoegd. Roer voorzichtig de granaatappelpitjes erdoor.
g) Gebruik voor het serveren een vork om de granita te roeren. Laag afwisselend granita en fruitmengsel in zes dessertschotels.

66. Banaan Cannoli

Maakt: 8 porties

INGREDIËNTEN:
CANNOLI
- 4 elke banaan
- 3 el citroensap
- 2 el gemalen lijnzaad

VULLING
- 1 kop cashewnoten
- ½ kopje kokosvlees
- 1 scheutje vanille
- 2 el honing
- 1 bessen (optioneel)

INSTRUCTIES:

a) Avond ervoor: week cashewnoten in water en laat 8-12 uur staan

b) Avond ervoor: Doe rijpe bananen en citroensap in de blender en meng goed. Doe het beslag in een kom.

c) Voeg gemalen lijnzaad toe. Goed mengen.

d) Plaats het beslag met een eetlepel in dunne rondjes van 15 cm op de bakplaat. Droog op de laagste stand totdat het bij elkaar blijft maar buigzaam is. Als u de gelukkige eigenaar bent van een dehydrator, plaats het beslag dan op teflexvellen en laat het een nacht drogen.

e) De dag dat je van canolli wilt genieten: Plaats de vulling **INGREDIËNTEN:** in de blender, mix tot je een consistentie van zure room hebt zonder stukjes.

f) Bananenschijfjes van de bakplaat schillen, bestrijken met cashewnotenvulling.

g) Cannolis is ongeveer een dag houdbaar in de koelkast. De cashewvulling kan twee tot drie dagen worden bewaard.

67. Buffelkip dip

INGREDIËNTEN:
- 1 (8-ounce) pakket roomkaas
- $\frac{1}{2}$ kopje Frank's roodgloeiende saus
- $\frac{1}{4}$ kopje volle ingeblikte kokosmelk
- $1\frac{1}{2}$ kopje geraspte gekookte kip
- 3/4 kopje geraspte mozzarella, verdeeld
- $\frac{1}{2}$ kopje blauwe kaas brokkelt af

INSTRUCTIES:

a) Voeg roomkaas toe aan een middelgrote pan en verwarm op middelhoog vuur tot het gesmolten is. Roer de hete saus en kokosmelk erdoor.

b) Voeg, wanneer gecombineerd, kip toe tot deze is opgewarmd.

c) Haal van het vuur en roer er $\frac{1}{2}$ kopje mozzarellakaas en blauwe kaaskruimels door.

d) Breng over naar een ovenschaal van 8 "× 8" en strooi de resterende mozzarella erover. Bak 15 minuten of tot de kaas bubbelt. Serveer warm.

68. Dubbele Chocolade Gelato

Maakt: 4-6

INGREDIËNTEN:
- ½ kopje slagroom
- 2 kopjes melk
- 3/4 kop suiker
- ¼ theelepel zout
- 7 ons pure chocolade van hoge kwaliteit
- 1 theelepel vanille-extract
- Kokosboter

INSTRUCTIES:
De eerste stap wordt gedaan door de chocolade te smelten en vervolgens een beetje af te koelen. Doe de melk, room en boter in een kom en meng ze tot ze goed gecombineerd zijn.

a) Meng de suiker erdoor met een garde en zout. Blijf ongeveer 4 minuten kloppen tot de suiker en het zout zijn opgelost. Meng vervolgens het vanille-extract erdoor.

b) Meng tot slot de chocolade erdoor tot alles goed gemengd is. Giet de ingrediënten in je ijsmachine en laat deze 25 minuten draaien.

c) Doe de gelato in een luchtdichte verpakking en plaats deze maximaal 2 uur in de vriezer, tot het naar wens isd consistentie is bereikt.

69. Kers-Aardbei Gelato

Maakt: 4-6

INGREDIËNTEN:
- ½ kopje slagroom
- 2 kopjes melk
- 3/4 kop suiker
- Kokosboter
- 1 kopje gesneden aardbeien
- 1 eetlepel vanille-extract

INSTRUCTIES:
a) Pureer de aardbei grondig met een blender. Doe de melk, room en boter in een kom en meng ze tot ze goed gecombineerd zijn. Meng de suiker erdoor met een garde.
b) Blijf ongeveer 4 minuten kloppen tot de suiker is opgelost. Meng vervolgens het vanille-extract en de aardbeienpuree erdoor.
c) Giet de ingrediënten in je ijsmachine en laat deze 25 minuten draaien.
d) Doe de gelato in een luchtdichte verpakking en plaats deze maximaal 2 uur in de vriezer, totdat de gewenste consistentie is bereikt.

70. Kokos Gelato

Maakt: 1

INGREDIËNTEN:
- 5 eidooiers
- 2 kopjes kokosmelk
- 1 kopje suiker
- 1 kopje slagroom
- 1 theelepel zout
- 1 theelepel vanille
- kokoswater van een verse kokosnoot
- ½ kopje geraspte gezoete kokosnoot

INSTRUCTIES:
a) Klop de eidooiers, het kokoswater van de verse kokosnoot en de suiker in een middelgrote pan en verwarm tot de suiker is opgelost. Voeg de kokosmelk, zout en room toe en klop tot een geheel.
b) Kook op middelhoog vuur, constant kloppend gedurende 8 - 10 minuten tot het ingedikt is.
c) Haal van het vuur.
d) Roer de kokosvlokken en het vanillemengsel door de vloeistof. Giet door een fijne zeef in een plastic kom. Dek af en zet een nacht in de koelkast.
e) Doe het mengsel door een ijsmachine volgens de INSTRUCTIES van de fabrikant:.
f) Bevriezen tot klaar om te serveren.

71. Ananas en Kokos Gelato

Maakt: 1

INGREDIËNTEN:
- 2 kopjes kokosmelk
- 5 eidooiers
- 1 kopje suiker
- 1 kopje slagroom
- 1 theelepel zout
- 1 theelepel vanille
- 1 - 20 ounce blik geplette ananas - niet uitlekken!
- ½ kopje geraspte en gezoete kokosnoot

INSTRUCTIES:
a) Klop de eierdooiers en de suiker in een middelgrote pan en verwarm tot de suiker is opgelost. Voeg de kokosmelk, zout en room toe en klop tot een geheel.
b) Kook op middelhoog vuur, constant kloppend gedurende 8 - 10 minuten tot het ingedikt is.
c) Haal van het vuur.
d) Doe de geplette ananas, ananassap uit blik, vanille en geraspte kokos in een keukenmachine. Verwerk tot het gemengd is, roer door de vloeistof. Giet door een fijne zeef in een plastic kom. Dek af en zet een nacht in de koelkast.
e) Doe het mengsel door een ijsmachine volgens de INSTRUCTIES van de fabrikant:.
f) Bevriezen tot klaar om te serveren.

72. Lychee & Ananas Gelato

Maakt: 10 porties

INGREDIËNTEN:
- 18 stuks Verse Lychee
- 1/3 kopje verse ananas (gesneden)
- 1 tl Citroensap
- 1 blikje Zoete Gecondenseerde Melk (14oz, 397g)
- 1 blik Kokosmelk (400 ml)

INSTRUCTIES:
a)   Doe de geschilde lychees en ananas in de blender en pureer en voeg citroensap toe.
b)   Voeg citroensap toe.
c)   Voeg zoete gecondenseerde melk en kokosmelk toe en meng het goed.
d)   Giet het in een container. En zet het minimaal 8 uur in de koelkast.
e)   Meng het elke 2 uur minstens twee keer met een vork.
f)   Schep het ijs met een lepel. Genieten!

73. Kokos & Ananas Tropische Gelato

INGREDIËNTEN:

- 1 ei
- 50 gram Suiker
- 250ml Kokosmelk
- 200 ml slagroom
- ½ hele ananas Verse ananas
- 1 rum

INSTRUCTIES:

Gebruik je grootste kom, want je mengt alle ingrediënten in dezelfde kom die je gebruikt om de slagroom op te kloppen.

Scheid het eigeel en het eiwit. Maak een stevige merengue van het eiwit en de helft van de suiker. Meng de andere helft van de suiker met het eigeel en mix tot een wit geheel.

Klop de slagroom tot er licht zachte pieken ontstaan. Voeg de kokosmelk toe en meng lichtjes.

Hak de ananas fijn of pureer hem met een blender (zoals een Bamix handmixer) tot een iets grovere pasta.

De voorbereiding is op dit punt voltooid. Het is niet nodig om al te precies te zijn. Meng alles in de kom slagroom en kokosmelk. Voeg ook de meringue toe en meng goed.

Giet in een tupperwaredoos en vries in om af te maken. Je hoeft het niet halverwege te roeren.

Als je de ananas tot een gladde pasta hakt, zal het resultaat zijdezacht zijn en meer op een authentieke gelato lijken.

Zodra je de gelato in serveerschalen schept, giet je er een klein scheutje rum op. Het smaakt geweldig, net als een piña colada-cocktail.

74. *Cacao Crunch*

INGREDIËNTEN:
- 3 kopjes boekweit, geactiveerd en gedroogd
- 1 kop cacaobonen
- 1 kopje rozijnen
- 1 kopje cacaopasta (240 g vaste massa)
- 2 kopjes cacaoboter (480 g vaste boter)
- $\frac{1}{2}$ kopje lucumapoeder
- 1 kopje kokossuiker
- $\frac{1}{2}$ theelepel zout

INSTRUCTIES:
a) Leg boekweit, nibs en rozijnen in de vriezer voordat je de cacao gaat smelten.

b) Smelt de cacaoboter en cacaopasta samen met behulp van een dubbele boiler of een dubbele boiler met warm water.

c) Voeg lucuma, kokossuiker en zout toe en roer voorzichtig tot alles goed gemengd is.

d) Haal van het vuur.

e) Meng de koele boekweit, rozijnen en nibs erdoor.

f) roer constant.

g) Terwijl alles afkoelt, zal het hele mengsel dikker worden.

h) Werk op dit punt heel snel met je handen en verkruimel het gecoate mengsel in de bakjes die je lekker vindt (we gebruiken onze droogtrays van massief vel). De granola is nu op kamertemperatuur, maar je kunt hem ongeveer 15 minuten in de koelkast of vriezer zetten om het proces te versnellen.

i) Bewaar in een luchtdichte verpakking op een koele, donkere plaats, misschien in de koelkast in de zomer.

j) Vult een pot van 3 liter.

HOOFDGERECHT

75. Broodje avocado-bagel

Maakt: 1

INGREDIËNTEN:

Roomkaas

¼ kopje kokosroom

2 eetlepels citroensap

1 kopje rauwe cashewnoten, geweekt

1 theelepel uienpoeder

2 theelepels witte azijn

3 lente-uitjes, fijngehakt

¼ theelepel zout

Broodje bagel

1 bagel op plantaardige basis

1/3 avocado, geschild, ontpit en gepureerd

1/3 middelgrote komkommer, geschild en in plakjes

2 eetlepels zuivelvrije lente-ui roomkaas

¼ kopje rauwe spinazie

INSTRUCTIES:

Als je je cashewnoten niet meteen hebt geweekt, laat ze dan even weken door ze in een pan met kokend water te doen, zet het vuur uit en laat ze 30 minuten weken.

Was de cashewnoten grondig en laat uitlekken.

Mix de cashewnoten, kokosroom, witte azijn, citroensap, zout, uienpoeder en bosui in een keukenmachine.

Verwerk gedurende minimaal 30 seconden en roer het mengsel gedurende 1 tot 3 minuten, of totdat het glad is.

Toast de bagel en besmeer beide kanten met de zuivelvrije roomkaas.

Leg aan één kant de komkommers in laagjes en bedek met de gepureerde avocado.

Leg de spinazie op de avocado, gevolgd door de andere helft van de bagel.

76. Kokoskoolsoep

Maakt: 2

INGREDIËNTEN:
- groenten
- 2 wortelen, in stukjes
- ½ kopje ui, in blokjes gesneden
- 1 kopje kool, versnipperd
- Eiwit
- ½ kopje rode linzen
- Vet
- ½ kopje kokosmelk
- 1 theelepel groentebouillon
- Kruiderijen
- ½ theelepel rode currypasta
- 2 teentjes knoflook, gehakt
- 1 kopje groentebouillon
- 1 theelepel verse gemberwortel, geschild en geraspt
- ¼ theelepel kurkuma
- ¼ theelepel komijnzaad
- ½ citroen, geperst
- Gehakte koriander, om te garneren

INSTRUCTIES:

a) Verwarm een soeppan op middelhoog vuur.

b) Fruit de ui en wortel ongeveer 10 minuten in de groentebouillon.

c) Voeg de knoflook en gember, dan komijnzaad toe aan een pan. Laat 1 minuut koken tot ze samen beginnen te sissen voordat je iets anders toevoegt.

d) Breng de linzen, kool, kokosmelk, bouillon en de overige kruiden zachtjes aan de kook en zet het vuur laag.

e) Laat minstens 15-20 minuten al roerend koken tot de linzen zacht zijn en de kool zacht.

f) Garneer eventueel met gehakte koriander en komijnzaadjes.

77. Rode Linzen Dal met Boerenkool

Maakt: 6

INGREDIËNTEN:
- 2 kopjes rode linzen, geplukt
- 14oz kokosmelk, ongezoet
- 6 eetlepels groentebouillon
- 1 kwart groentebouillon
- 3 teentjes knoflook, fijngehakt
- 2 kleine verse rode chilipepers, in dunne plakjes gesneden
- 1 theelepel gemalen kurkuma
- 1 theelepel venkelzaad
- 1 theelepel komijnzaad
- 2 eetlepels gehakte korianderstengels
- 2 uien, gehalveerd en in dunne plakjes gesneden
- ½ pond boerenkool, gesteeld en bladeren grof gehakt
- 2 eetlepels fijngehakte verse gember
- 1 ½ theelepel vers citroensap
- Zout en peper naar smaak

INSTRUCTIES:
a) Verhit in een pan 1 eetlepel groentebouillon en voeg dan de komijn, kurkuma en venkel toe. Laat minstens 1 minuut koken, onder voortdurend roeren.

b) Roer de resterende 2 eetlepels groentebouillon erdoor en voeg de uien 6 tot 7 minuten toe, of tot ze zacht zijn.

c) Voeg de knoflook, de helft van de gesneden chilipepers en de gember toe. Roer constant en kook gedurende 1 minuut.

d) Doe het gekruide uienmengsel in een aparte kom en zet opzij.

e) Laat de groentebouillon, rode linzen, kokosmelk en korianderstelen sudderen in een pan.

f) Kook op middelhoog vuur en roer af en toe tot de linzen gaar zijn.

g) Kook de boerenkool tot hij gaar is.

h) Roer het citroensap erdoor en breng op smaak met zout en peper.

i) Verdeel de dal over kommen en bedek met het gereserveerde uienmengsel en de resterende gesneden chilipepers.

j) Garneer met gehakte koriander en partjes citroen.

78. Bloemkool Aardappel Curry

Maakt: 5

INGREDIËNTEN:
- 1 pond bloemkoolroosjes
- 1 kopje gele ui, kleine dobbelstenen
- 4 kopjes ongeschilde aardappelen, in kleine blokjes gesneden
- 1 wortel, in luciferhoutjes gesneden
- 14,5 oz kleine tomatenblokjes, gepureerd
- $\frac{1}{2}$ kopje groentebouillon
- 1 kleine serranopeper, zonder zaadjes, in kleine dobbelsteentjes
- $\frac{1}{2}$ kopje water
- 2 eetlepels gehakte knoflook
- 2 theelepels vers gehakte gember

SPECERIJ/KRUIDEN INGREDIËNTEN:
- 1 eetlepel kerriepoeder
- 1 theelepel kerriepoeder
- 1 theelepel knoflookpoeder
- 1 theelepel garam masala
- 1 theelepel uienpoeder
- 2 eetlepels gedroogde fijngehakte uienvlokken
- $\frac{1}{4}$ theelepel cayennepeper
- 1 theelepel zeezout

andere ingrediënten
- 1 $\frac{1}{4}$ kopje bevroren erwten
- 1 kopje lite kokosmelk

ANDERE OPTIONELE INGREDIËNTEN:
- Gestoomde bruine rijst
- Gehakte verse koriander
- WFPB Flatbread

INSTRUCTIES:

a) Doe de kruiden en specerijen in een kleine kom en meng goed. Opzij zetten.

b) Voeg de fijngehakte wortel, ui en serranopeper in een pan toe om minstens 3 tot 5 minuten te bakken. Wacht tot deze INGREDIËNTEN zacht zijn geworden en voeg dan een beetje water toe om aanbranden te voorkomen.

c) Voeg de gember, knoflook en kruiden/kruidenmix toe. Sauteer gedurende 1 minuut.

d) Voeg de bloemkoolroosjes en aardappelen toe en bak 1 minuut mee. Roer constant totdat de ingrediënten voldoende zijn bedekt met kruiden.

e) Voeg de resterende INGREDIËNTEN toe:, behalve de kokosmelk en erwten.

f) Zet het vuur hoog. Als je klaar bent, laat je het 4 minuten staan.

g) Laat langzaam de druk van de pot ontsnappen en til voorzichtig het deksel van de pot op om de kokosmelk en erwten toe te voegen. Roer goed om te combineren.

h) Proef en voeg dan eventuele INGREDIËNTEN toe of verminder ze: afhankelijk van de gewenste smaak.

i) Serveer met koriander, flatbread of rijst.

79. Bloemkool Linzen Curry

Maakt: 5

INGREDIËNTEN:
- 6 kopjes bloemkoolroosjes
- 4 kopjes groentebouillon
- 1 ½ kopje droge rode linzen
- 1 eetlepel fijngehakte verse gember
- 1 kopje fijngehakte gele ui
- 1 ½ theelepel gemalen kurkuma
- 3 eetlepels Thaise rode currypasta
- 1 kop ingeblikte kokosmelk
- 3 teentjes fijngehakte knoflook
- 3 ontpitte dadels. fijn gesneden
- 1 theelepel garam masala
- ¼ theelepel cayennepeper
- 3/4 theelepel koosjer zout

INSTRUCTIES:
a) Vul een slowcooker van 4 tot 6 liter voor de helft met linzen, die zijn besproeid met groentebouillon.

b) Voeg bloemkool, gember, uien, knoflook, kurkuma, currypasta, garam masala, cayennepeper en zout toe. Gooi om te coaten en voeg bouillon toe. Goed roeren.

c) Dek af en kook op hoog vuur gedurende 4 tot 5 uur of laag vuur gedurende 7 tot 8 uur, tot de linzen zacht zijn en de bloemkool zacht.

d) Verwijder het deksel van de slowcooker en zet hem uit. Meng de kokosmelk en dadels erdoor.

e) Laat het 10 minuten onafgedekt afkoelen voordat je het over rijst of een ander graan naar keuze serveert.

f) Garneer met peterselie en koriander. Serveer onmiddellijk.

80. Kokos Curry Linzen

Maakt: 10

INGREDIËNTEN:
- 2 kopjes bruine linzen
- 14oz kan kokosmelk, vol vet
- 3 eetlepels kerriepoeder
- 2 teentjes knoflook
- 1 gele ui
- 15oz tomatensaus
- 1 3/4 pond zoete aardappel
- 3 kopjes groentebouillon
- 2 wortelen
- 15 oz kleine tomatenblokjes
- ¼ theelepel gemalen kruidnagel
- Voor serveren
- ½ rode ui
- ½ bosje verse koriander
- 10 kopjes gekookte rijst

INSTRUCTIES:

a) Pers de knoflook en snipper de ui. Snijd de geschilde wortels in plakjes en snijd de zoete aardappel in blokjes van ¼ tot ½ inch.

b) Combineer in een slowcooker de knoflook, ui, zoete aardappel, wortelen, linzen, kerriepoeder, kruidnagel, tomatenblokjes, tomatensaus en groentebouillon. Roer alles door elkaar.

c) Zet de slowcooker stand op high voor 4 uur of low voor 7-8 uur. Als de linzen klaar zijn, moeten ze zacht zijn en moet het meeste vocht zijn opgenomen.

d) Combineer de linzen en de kokosmelk in een mengkom. Pas het zout of andere kruiden naar smaak aan.

e) Plaats voor het serveren 1 kopje gekookte rijst in een kom, gevolgd door 1 kopje linzenmengsel.

f) Serveer gegarneerd met fijngesneden rode ui en verse koriander.

81. Bloemkoolcurry uit de slowcooker

Maakt: 6

INGREDIËNTEN:
- 1 pond krieltjes, gehalveerd als ze groot zijn
- 1 grote bloemkool, in roosjes gesneden
- 2 blikjes kokosmelk van 14 oz
- ¼ kopje Thaise rode currypasta
- 2 eetlepels natriumarme sojasaus
- 2 kopjes natriumarme vegetarische bouillon
- ½ theelepel komijnzaad
- 1 eetlepel granaatappelmelasse
- 2 kopjes verse spinazie
- 1 kaneelstokje
- Kosjer zout en peper
- Verse naan, om te serveren
- Arils van 1 granaatappel om te serveren
- Gestoomde rijst, koriander en limoenen, om te serveren

INSTRUCTIES:
a) Combineer in een slowcooker de kokosmelk, currypasta, sojasaus, bouillon en melasse.
b) Voeg de aardappelen, bloemkool, komijn en kaneel toe en breng op smaak met zout en peper.
c) Kook minimaal 5 tot 6 uur op laag vuur of 3 tot 4 uur op hoog vuur.
d) Roer de spinazie erdoor, dek af en kook gedurende 5 minuten of tot het zacht is.
e) Serveer de curry in kommen gegarneerd met granaatappelpitjes, limoen en koriander. Het lekkerst met verse naan.

82. Curry Geroosterde Venkel Salade

Maakt: 4

INGREDIËNTEN:
- Venkel
- 1 venkelknol, bladeren en stelen verwijderd, in dunne plakjes gesneden
- 1 eetlepel groentebouillon
- 1 eetlepel kerriepoeder
- 1 Snufje zeezout
- Salade
- 1 rode paprika, zaadjes en steeltjes verwijderd, in dunne plakjes gesneden
- 5 kopjes boerenkoolsalade
- 1 portie knapperige kikkererwten
- Dressing
- ¼ kopje tahini
- 3 teentjes knoflook, fijngehakt
- 1 ½ theelepel appelazijn
- 1 ½ eetlepel kokosamino's
- 1 ½ eetlepel citroensap
- 1 eetlepel vers gehakte rozemarijn
- 8 eetlepels water
- 1 snufje zeezout

INSTRUCTIES:
a) Om de venkel te bereiden, verwarm je de oven voor op 375 ° F en leg je hem op een bakplaat. Bestrooi met kerriepoeder, groentebouillon en zout. Gooi grondig om de smaken te combineren en plaats ze gelijkmatig.

b) Rooster de venkel in ongeveer 20 minuten gaar, goudbruin en licht krokant aan de randen. Opzij zetten.

c) Maak de dressing door alle ingrediënten in een mengkom of blender te doen. Mix of mix om te combineren. Voeg meer water toe voor de gewenste consistentie.

d) Proef en pas de smaak aan, afhankelijk van uw voorkeur. Voeg meer knoflook toe voor pit, appelciderazijn voor pittigheid, citroen voor zuurgraad of rozemarijn voor kruidensmaak.

e) Schik de boerenkool (of een andere groente naar keuze) en garneer met rode paprika, geroosterde venkel, kikkererwten (optioneel) en garnituren zoals verse rozemarijn of schijfjes citroen.

f) Serveer met dressing ernaast.

83. Garnalen Gumbo

INGREDIËNTEN:

- 1 pond middelgrote garnalen gepeld
- ½ pond kippenborsten zonder vel, zonder botten
- ½ kopjekokosnootolie
- 3/4 kopamandelmeel
- 2 kopjes gehakte uien
- 1 kopje gehakte selderij
- 1 kopje gehakte groene paprika
- 1 theelepel gemalen komijn
- 1 Eetlepels gehakte verse knoflook
- 1 theelepel verse tijm gehakt
- ½ theelepel rode peper
- 6 kopjes kippenbouillon
- 2 kopjes tomatenblokjes
- 3 kopjes gesneden okra
- ½ kopje verse peterselie gehakt
- 2 laurierblaadjes
- 1 theelepel hete saus

INSTRUCTIES:

a) Bak de kip op hoog vuur bruin in een grote pan. Verwijder en zet opzij. Snipper uien, selderij en groene peper en zet opzij.

b) Doe olie en bloem in de pan. Roer goed en bruin tot een roux. Voeg als de roux klaar is de gesneden groenten toe. Sauteer op laag vuur gedurende 10 minuten.

c) Voeg onder voortdurend roeren langzaam de kippenbouillon toe.

d) Voeg de kip en alle andere ingrediënten toe, behalve de okra, garnalen en peterselie, die bewaar je voor het einde.

e) Dek af en laat een half uur op laag vuur sudderen. Verwijder het deksel en kook nog een half uur, af en toe roerend.

f) Garnalen, okra en peterselie toevoegen. Blijf 15 minuten op laag vuur koken zonder deksel.

84. Veganistische Rijstsoep

Maakt: 4

INGREDIËNTEN:
- 4 grote stengels bleekselderij
- 3 grote wortelen
- 1 middelgrote witte ui
- 1 theelepel gedroogde tijm
- 1 theelepel gedroogde peterselie
- 1 theelepel knoflookpoeder
- 1 theelepel zout
- ½ theelepel gemalen salie
- 1 eetlepel kokosamino's
- 4 kopjes groentebouillon
- 2 kopjes water
- 2/3 kop langkorrelige witte rijst
- 1 blik pintobonen (blik van 15 oz)

INSTRUCTIES:
a) Snijd of hak de groenten in hapklare stukjes.
b) Voeg een grote pan toe aan het fornuis en zet op middelhoog vuur. Spray de bodem van de pot in met avocado-olie of olijfoliespray. Voeg groenten toe.
c) Kook de groenten 3-4 minuten.
d) Voeg na 3-4 minuten kruiden, laurier en kokosamino's toe. Roer en kook nog 1-2 minuten.
e) Terwijl de groenten koken, spoel je de rijst goed af.
f) Voeg ½ kopje groentebouillon toe en schraap de bodem/zijkant van de pan schoon en verwijder alle bruine stukjes van de bodem.
g) Voeg de rest van de bouillon, het water en de rijst toe aan de pan. Roer en dek af. Zet het vuur hoog.

h)   Zodra de soep kookt, zet je het vuur laag en laat je de soep 15 minuten koken.

i)   Spoel terwijl de soep kookt de bonen af en laat ze uitlekken. En voeg ze toe aan de soep.

j)   Verwijder vlak voor het serveren de laurierblaadjes. Heet opdienen.

85. Reuben sandwich met kokosbacon

Maakt 4 Sandwiches

INGREDIËNTEN:
- 1 recept Rogge Flatbread
- 1 recept van je favoriete Kaas
- 1 recept Kokosspek of Auberginespek
- 1 recept Thousand Island-dressing
- 1 kopje van je favoriete zuurkool

INSTRUCTIES:
a) Leg op elk van de vier serveerschalen een plak Rogge Flatbread.
b) Besmeer met een laagje Kaas.
c) Top met plakjes Coconut Bacon en besprenkel met Thousand Island Dressing.
d) Garneer met zuurkool en een tweede stuk flatbread en serveer direct.

DRANKJES

86. Pompoentaart Smoothie

Maakt: 2

INGREDIËNTEN:
- 3/4 kop 100% pompoenpuree
- 3 middelgrote bananen, in plakjes gesneden en ingevroren
- 14oz lichte kokosmelk, gekoeld
- 1 theelepel pompoentaartkruiden
- 1 eetlepel pure ahornsiroop
- ¼ theelepel puur vanille-extract
- Kokosnoot zweep
- Gemalen kaneel

INSTRUCTIES:
a) Zet een blikje lichte kokosmelk een paar uur in de koelkast of tot het goed gekoeld is.
b) Blend of verwerk bevroren bananen in een blender of keukenmachine. Mix tot er kruimelige stukjes banaan ontstaan.
c) Giet de gekoelde kokosmelk erover en mix tot een glad en romig geheel.
d) Meng de pompoenpuree, pompoenkruiden, ahornsiroop en vanille-extract tot de textuur glad is.
e) Giet in kopjes, afhankelijk van het aantal porties dat u nodig heeft. Garneer met kokosgaren en kaneel erover.

87. Ananas Grapefruit Detox Smoothie

Maakt: 2

INGREDIËNTEN:
- 1 kopje bevroren ananas, in blokjes
- 1 kleine pompelmoes, geschild en in partjes gesneden
- 1 kopje gewoon kokoswater
- ½ theelepel geraspte verse gember
- 1 kop verpakte babyspinazie
- 1 kopje ijs

INSTRUCTIES:
a) Bereid alle ingrediënten voor en doe alles in een blender.
b) Meng de ananas, grapefruit, kokoswater, gember, spinazie en ijs tot je een gladde en schuimige textuur krijgt.

88. Kersen Kokosnoot Smoothie

Maakt: 2

INGREDIËNTEN:
- 2 kopjes bevroren ontpitte kersen
- 1 kopje kokoswater
- 1 eetlepel vers limoensap

INSTRUCTIES:
a) Doe alle ingrediënten in een blender en mix tot een gladde massa.
b) Dienen

89. Wortel Mango Kokosnoot

INGREDIËNTEN:
- 1 grote geraspte wortel
- 1 kopje bevroren mango
- 1-2 eetlepels ongezoete kokosnoot, geraspt

INSTRUCTIES:
a) Meng met ½ tot 1 kopje vloeistof.
b) Genieten

90. Groene Colada-smoothie

Maakt: 2

INGREDIËNTEN:
- 1 kopje bevroren gehakte ananas
- 3 eetlepels rauwe, ongezoete, geraspte kokosnoot
- 1 eetlepel vers limoensap
- 1 handvol babyspinazieblaadjes
- 3 dadels zonder pit (geweekt en zacht)
- 1 kopje water
- 4 tot 5 ijsblokjes

INSTRUCTIES:
a) Doe alle ingrediënten behalve ijs in een blender en verwerk tot een gladde en romige massa. Voeg het ijs toe en verwerk opnieuw.
b) Drink ijskoud.

91. Goji en Chia Aardbeien Smoothie

Maakt: 2

INGREDIËNTEN:
- 1 Eetlepel gojibessen
- 1 Eetlepels aardbeien
- 1-inch stuk kaneelstokje
- 2-4 eetlepels chiazaad
- 1 Eetlepel kokosolie
- 16 ons. kokosnootwater
- 1/3 kopje hennepzaden
- 2-3 grote boerenkoolbladeren
- 1 kopje bevroren bessen
- ½ bevroren banaan

INSTRUCTIES:
a) Doe gojibessen, kaneel en chiazaad in je blender en voeg genoeg kokoswater toe om goed te bedekken. Laat ongeveer 10 minuten weken.

Doe het resterende kokoswater en INGREDIËNTEN: in de blender en verwerk op de juiste Smoothie-stand, voeg extra vloeistof toe (kokoswater, water of notenmelk) voor de gewenste consistentie.

92. Fruit-Kokos Smoothie

Maakt: 4

INGREDIËNTEN:
- 1 10-ounce zak bevroren bosbessen of ander fruit
- 3 rijpe bananen
- 1 kopje gewone yoghurt
- 1 kopje ongezoete kokosmelk
- 1 eetlepel rauwe honing

INSTRUCTIES:
a) Pureer de bosbessen, bananen, yoghurt, kokosmelk en honing in een blender.
b) Dienen.

93. Spinazie Met Ananas Smoothie

Maakt: 2

INGREDIËNTEN:
- ½ ananas vers in stukjes gesneden
- 1 komkommer
- 2/3 kopje kokoswater
- 2 handvol spinazie

INSTRUCTIES:
a) Meng alle ingrediënten om ze te combineren en voeg water toe tot de gewenste consistentie.

94. Kiwi Guave Burst-smoothie

Maakt: 2

INGREDIËNTEN:
- 1 kiwi
- 1 guave
- 1 kopje kokoswater
- Verse takjes munt
- ijsblokjes

INSTRUCTIES:
a) Snijd de kiwi en guave in kleine stukjes en meng alle ingrediënten.

95. Groene Avocado Smoothie

Maakt: 2

INGREDIËNTEN:
- 3/4 kop kokoswater
- ½ kopje boerenkool
- ½ kopje spinazie
- ½ avocado
- 2 kopjes pitloze groene druiven
- 1 peer
- 4-5 ijsblokjes

INSTRUCTIES:
a) Meng alle ingrediënten om ze te combineren.
b) Genieten.

96. Groene Cashew Smoothie

Maakt: 2

INGREDIËNTEN:
- 1 kopje kokoswater
- 2-3 dadels (geweekt en zacht)
- 1 banaan
- ½ kopje cashewnoten (weken tot ze zacht zijn)
- 1 eetlepel lijnzaad
- Een handvol spinazie

INSTRUCTIES:
a) Meng eerst kokoswater en cashewnoten.
b) Voeg vervolgens dadels, spinazie, banaan en lijnzaad toe. Mix tot een gladde massa.

97. Meloen Groene Smoothie

Maakt: 4

INGREDIËNTEN:
- ½ kopje meloen/muskusmeloen
- 1 kopje bevroren stukjes ananas
- ½ gehakte munt
- ½ kopje komkommer
- ½ kopje kokoswater
- ½ kopje ijsblokjes

INSTRUCTIES:
a) Doe al deze ingrediënten in de blender en mix tot een gladde massa. Deze is erg goed.

98. Amandel Kokos Yoghurt Groene Smoothie

Maakt: 4

INGREDIËNTEN:
- 1 kop kokosyoghurt
- Handvol spinazie
- 1 Avocado, in plakjes
- 1 kopje bosbessen, aardbeien of frambozen
- 1 mango, in plakjes
- snufje zeezout
- 5-6 ijsblokjes
- ½ kopje water

INSTRUCTIES:
a) Doe alle ingrediënten in een blender en mix tot een gladde massa.
b) Voeg het water toe als dat nodig is.

99. Pina Colada Groene Smoothie

Maakt: 2

INGREDIËNTEN:
- 2 kopjes spinazieblaadjes
- 1 kopje verse ananas, gehakt
- 1 kopje bosbessen
- 1 eetlepel gemalen lijnzaad
- 1 kop (240 ml) kokoswater
- $\frac{1}{2}$ kopje water

INSTRUCTIES:
a) Voeg alle ingrediënten behalve het gezuiverde water toe aan een blender.
b) Water naar smaak toevoegen. Verwerk tot een gladde massa.

100. Bosbessen Gember Groene Smoothie

Maakt: 2

INGREDIËNTEN:
- 2 kopjes babyspinazie
- 2 kopjes bosbessen
- 1 rijpe banaan, in plakjes
- 1 klontje gemberwortel, gewassen en fijngehakt
- 2 kopjes biologisch kokoswater
- ½ kopje water

INSTRUCTIES:
a) Voeg alle ingrediënten toe aan een blender.
b) Voeg water toe tot de gewenste consistentie.
c) Verwerk tot een gladde massa.

CONCLUSIE

We hopen dat je het leuk vond om de veelzijdigheid van kokosnoot in je kookkunsten te ontdekken met HET GEWELDIGE KOKOS KOOKBOEK. Van zoet tot hartig, deze recepten laten de unieke en heerlijke smaak van dit geliefde ingrediënt zien.

We hopen ook dat dit kookboek je heeft geïnspireerd om meer kokosnoot in je dieet op te nemen en dat je meer hebt geleerd over de voedingsvoordelen ervan. Of je nu gezonde vetten en vezels aan je maaltijden wilt toevoegen of gewoon van de smaak van kokosnoot houdt, dit kookboek heeft voor elk wat wils.

Tot slot willen we je bedanken dat je HET GEWELDIGE KOKOS KOOKBOEK hebt gekozen als je gids voor heerlijke en voedzame gerechten op basis van kokosnoot. Wij geloven dat kokos meer is dan alleen een ingrediënt; het is een symbool van het tropische paradijs en een bron van gezonde en heerlijke maaltijden. Dus ga je gang, maak je favoriete kokosgerecht klaar en geniet van de smaak en voedingsvoordelen van dit veelzijdige ingrediënt..